「心の問題」と直感論

渡邊　佳明

大学教育出版

はじめに

心とは何かと問われてすぐに答えられる人は少ない。あるいはいないかもしれない。心についての学問である心理学は科学的方法を用いているので心の各部分については答えられるが、心そのものについてはすぐには答えられない。このことからも分かるとおり、心そのものは大変特殊である。心を扱う別の学問、哲学ならばどうか。これもまたすぐには答えは出せない。哲学は科学ではないにしても、やはり学問である。学問は最終的に（つまり根拠として）あいまいさがあっては成立しない。心そのものも最終段階ではその対象から排除されてしまう。それなら、学問から離れて一般の人に聞いた方がよいか。実際、この問いかけに一般の人ならある程度即答が返ってくるかもしれない。だが、それらは統一されたものではなく、さまざまな答え方のものだろう。一人ひとりがとらえている心のありようが言葉によって表現される。これは一つの前進である。しかし、この前進はあまり先までは行かないし、あいまいさにおおわれたままである。他方、芸術や宗教などになると、あいまいさはそのまま残されるし、その説明もさまざまであるにしても、一般の人に共通理解が生まれてくる。人びとはすでに心のことを知っていて、それが単なる夢や幻でないことも分かっているからである。

心とはもともとそのようなものである。最近の日本の世相では、心の荒廃とか、心の喪失とか、心の闇とか、心の癒しとか、さまざまな言い方で心のことが話題にされる。単に話題だけならば別にどうということもないが、心が病むとか、失われるとかいうこととなると、これは無視できない。「ところで、心というのは何のことですか。」と改めて問いかけてみる必要が出てくる。現代社会の抱える諸問題が心の問題としてとらえられているとすれば、この問いを避けて通ることは逃げであると言われても仕方ない。前述したようにそれが扱いにくいから逃げる。それを専門とする学問がそうなのだから、一般の人が避けても不思議ではない。

しかし、心はほんとうにとらえがたいものだろうか。否である。既に繰り返したように、人は心が何であるかを知っている。知っているというのが言い過ぎであるとすれば、感じている。一般の人は日々心と共に生き、心の中で過ごしている。心はいつでも身近である。学者にとっても心は身近である。芸術家や宗教家であれば、心は一層身近であろう。このように心はいつでも、どこにあっても働いている。

前述のように心についてあいまいな事態が起こっているのは、「心」という言葉の使用によっているということはないだろうか。心がとらえがたくあいまいなのではなく、とらえがたくあいまいだからとりあえず心と呼んでいるのではないか。そう呼ぶことでわれわれはこれまで心が何であるかということについて厚いふたをしてきて、それで済ましてきたのではないだろうか。現代においてその傾向は一層強まってきてはいないだろうか。

心とは別に直感という言葉がある。これもまた心と同様はっきりしないあいまいなものである。心という言葉と比べれば直感という言葉はその使われ方に広がりは少ないが、日常的にも使われているし、学問的にも使われている。細かな点を除けば、その意味は心という言葉とほぼ重なっている。

本論ではこの直感が主役になる。上記したように心はさまざまなありようをしているが、直感もまた同じである。特に純粋な直感と普通の直感の違いのありようが際立っている。心の場合でも純粋な心という言い方は一般化している。しかし、その意味は純粋な直感という言い方とは必ずしも相入れない。本書の前半は、このあたりに焦点を当てている。「あいまいな心」と「純粋と不純で二分した直感」とを並行的に扱う。直感が何であるかという問いへの答えはいたずらに迷路を用意することになるので、始めはそのような迷路に向かうのを避けることにする。あいまいではあるが、それでもわれわれには身近である心の方を具体的に取り上げる。つまり心とは何であるかを問うことで話を進めていきたい。前述したとおり、ここで述べる心とは全体でひとまとまりとしてあるような心のことである。そのような心は最後まであいまいであることはすでに予想はついているので、最終的には直感とは何かという問いが主題化される。題名は、「心の問題」と直感論、となっているが、これはまた、「直感の問題」と心（こころ）論、でもある。

このような趣旨から、第一部では、あいまいでひとまとまりとしてある心のありようをわれわれの生活や文化などの各種領域で追う。これが本書の母体である。その過程で少しずつ直感が何であるかを明るみにだす試みをする。続いて第二部では、すでに学問的に明らかになっている「西欧哲学史の根本に流れる純粋直感」に焦点を絞り、それが特徴的に現れている現象学と現存在分析論を取り上げる。その文献分析により直感概念の根本を押さえ、第一部の展開の補強をすることとしたい。

全体でひとまとまりとしてあるような心を問うことは、それ自体で困難は必至である。とりわけ現代のような時代状況であれば、心自体が何であるかは別にしても、心が現在どのようなありようをしているかという問いは最初から困難を伴う。そのようなありようの心が現在あるのかないのかもはっきりしない。心はなくなりはしないにしても、それがこれまであったものとは似ても似つかないものに変化している可能性は否定できない。しかも、そのような変化は文明の進化の必然として導かれている可能性が大きく、そうであってみれば、その変化のもつ否定的側面を捉えることは一層難しい。以下の試みでは、可能な限り多面的かつ本質的論述を心がけ、同時に実際の生活から離れることのない姿勢を一貫して大切にしたいと思う。

本書ではまだその概念内容がはっきりしていない「普通の直感」がテーマになっているが、ここでの目的はそれを明確な形で提示することではない。すでに捉えられている概念を日常的な場に引き出し、それを定着することが目指されている。そのためには多方面からの接近が何よりも必要で、明確さを求めることは第一義ではない。加えて、直感を捉えるには直感をもってしかないという別の制約もあって、ここでの文体には直感が添うこともまた必要となっている。直感のもつ自由さや闊達さは最小限に止めるにしても、それなくしては所期の目的を達することは難しい。多少の脱線、言い過ぎがあっても、それが論の進み行き上必要であればあえて残すことにする。その点をここであらかじめお断りしておきたい。目次通りに読んでいただくのが理想だが、以上のようなことからして関心の向くところから自由に読んでいただいてもそれほど支障はないと思われる。わずらわしいところ、疑問と思われるところはむしろ飛ばしていただいた方がよいかもしれない。本書にふさわしく心のおもむくまま、直感の働くままにとお願いしたい。読み残された項については、いつの日かの新たな出会いを筆者は密かに期することとしたい。

二〇〇八年　一月

著　者

「心の問題」と直感論　目次

第一部　直感に目覚める

―新しい人間像を求めて―

第一章　直感とは心のこと

第一節　純粋な直感

直感と心とを同列に並べることには異論も多いと思われる。呼び方が違うのだから当然である。それでもあえてそうする必要があるのは、すでに述べたとおり心そのものを取り上げようとするとたちまちあいまいさが前面に出てきて、スムーズに事が進まなくなるからである。本書では直感が主題となっていて、そのことについて以下順次取り上げていくが、それが心のことを目指していることをあらかじめ理解していただきたい。難しい話が出てきても、それが心のことと分かれば身近にもなると思われる。これはけっして他人事の話でもなければ、学問上のことに限られた話でもない。ほかでもない、誰にもある心のことである。

直感と心が直接重ならないことは、たとえば心の純粋さと言った表現ですでにはっきりする。不純な心という言い方もあって、その意味は一般的に了解できる。だが、改めて純粋な心とは何かと問われて答えようとすればすぐに壁にぶつかる。赤ちゃんのような無垢な心のことだと言っても、さて赤ちゃんの心とはどういう心なのかと考え始めればここでも壁にぶつかる。幼児や児童の方に移していけば、もう答えは見つからない。では、聖人や芸術家はどうか。

聖人のことであれば、純粋な心は理解しやすいだろうか。しかし、これも赤ちゃんの場合と同じで、聖人の心とはどういうものかと考え始めればすぐに壁にぶつかる。芸術家についてはどうか。こちらはさまざまなタイプの芸術家が浮かんできてもともとはっきりしない。では、不純な心と言えばはっきりするだろうか。なるほど心に何か企みをもつようなことは不純と言えるかもしれない。だが、企みをもたない心とはどういうことかとなるとやはり事態は変わらない。それも当然で、純粋な心が何であるかがわからなければ不純な心も何であるかはわからないのである。

一方直感に関しては、あいまいさがあるにしてもそのあいまいさは心の場合とは違っている。この言葉の使用では、むしろ純粋な直感とそうでない直感をはっきりと別に扱う必要が生まれてくる。一般には、直感と言えば直感しかなく、やはり心と同じであいまいなままになっている。「直感的に言えば」とか、「そのように直感する」という表現が使われ、それで何のことかはある程度わかる。「深く考えたわけではなく、そう感じた」という意味である。その限りでは、事態は心の場合と同じである。はっきりしないが、何となくわかる。だが、直感という言葉（学問上の和訳では直観だが、以下、直感と表記）は西欧哲学では古代から使われていて、その点が心とは違っている。心という言葉も世界の多くの国で昔からそれぞれの言葉をもっているが、哲学用語のような使われ方はされていない。多かれ少なかれ、あいまいさが含まれている。

それならば哲学用語としての直感の意味ははっきりしているかと言えば必ずしもそうではない。分析という言葉と対比的に使われるもので、「物事をじかに（直接的に）とらえる」というような意味で、同じような心の働きである知覚や感覚とは別に扱われる。その程度の意味ははっきりしている。心という言葉のあいまいさとは違って境界は決めてある。それでもそれ自身の意味内容ははっきりしないままである。前述したように一般の人がこの言葉を使うような広がりの中であいまいになっているが、哲学がそのことに無頓着にしてきていることの結果である。ただし、哲学用語としてはそれぞれ定義づけはされていて、特にカントに到っては直感は重要なキー概念になっている。哲学用語としての直感の一般性から区別して「純粋な直感」とあえて述べることにもなっている。その後西欧においてカント哲学への理解と批判を経て現象学がフッサールとハイデッガーによって生まれるが、その際のキー概念も直感である。その場合も直感は、フッサールの場合には「本質直感」「範疇直感」「感性的直感」などとさまざまに表現され、ハイデッガーの場合はカント経由で「純粋直感」という表現を重視している。

このように直感は西洋哲学の発展の内で重要な意味を担わされている。とりわけ、この言葉に「純粋」という形容語を付ける時の意味は重要である。「純粋な心」という言い方にあるような単なる修飾語ではない。カントが「超越論」と言い、ハイデッガーが「根源的」と言う時に「純粋直感」の意味が含まれている。この言葉は、純粋でない直感、つまり普通に、あるいは哲学用語で一般的に使われる直感とは一線が画される。本書でも、このことをはっきりさせることが一つの重要なテーマである。「純粋な心」が実際にあるとすれば、その意味は「純粋な直感」という言葉の意味に近接していくはずである。

ここであらかじめ二、三のことを述べておく。まず第一に、「純粋な直感」が大変特殊な心のあり方であることである。その場合、純粋という言葉を単に修飾語として使う場合と、それをひっくるめて哲学用語として使う場合とでは違っていて、前者であれば「純粋さ」に段階的な程度が含まれ、事態はあいまいさの内に消えてしまう。このことはカントやハイデッガーにおいても同様と言えば同様であって、もともと直感という言葉のもつ意味のあいまいさからは逃れられない。だが、この方のあいまいさは「純粋な直感」という言葉にもともと含まれるものであって、前者のような、使われ方があいまいであるのとは違う。それは、心という言葉がもともとあいまいであるのと心という言葉の使い方があいまいなのと二通りあるのと同じである。

本書で「純粋な直感」と述べる場合には、カントやハイデッガーが用いるようなものに限られる。心にも「純粋な心」という言い方があるが、その場合の「純粋」は単なる修飾語にすぎない。それに倣って「純粋な直感」と述べることも可能で便宜的でもあるが、その場合には前述のカントやハイデッガーが用いる言葉と区別する必要がある。

カントやハイデッガーが「純粋な直感」という言葉で直感に境界を設けたことで「純粋でない直感」つまり直感が放り出されたことも、これまで指摘されていない重大事である。直感という言葉は、一つには古代以来の哲学用語（他の学問における使用も含めて）として広がり、いま一つは一般の人びとの日常語へと広がった。それらはいずれも心という言葉が辿る運命と似た道を辿り、今に至っている。心にまつわる意味があいまいなのと同じように、直感にまつわる意味もまたあいまいなままになっている。そして、カントやハイデッガーは希有の哲学者であることの宿命のようにこの二つの方向に広がった直感を最後まで追跡することはしなかった。心が誰にでもあるように直感もまた誰にでもあるが、そこで直感がどのように働いているかについては明らかにされていない。

カントやハイデッガーがしたことは「純粋な直感」がどのようにして働いているかの究明であり、ハイデッガーにあっては根源的な時間のありようにまで迫ってそのことを進めている。しかし、その場合の直感の究明はそこ止まりのものである。直感への道の一里塚として立てられた「純粋な直感」は先端的な哲学のありようとして特徴づけられることで終わっている。したがって、本書では、この限定付きの直感である「純粋な直感」はとりあえず別の棚に収めておくことにする。しかし、直感や心のことを考える上でこの一里塚は大変重要で、このことの理解なくしてはけっして直感の全貌が見えてくることはない。正に山頂を目指すための一里塚の役割がこの「純粋な直感」に付託されている。

ところで、純粋な直感とそのほかの一般的な直感とでは、どちらが山頂であり、どちらが裾野なのだろうか。この問いも重要である。「純粋な直感」が直感への道の一里塚とすれば、一般的な直感の方が山頂であり、純粋な直感の方が裾野ということになる。しかし、ここには奇妙な逆転がある。どちらに軸足を置くかで事態が変わってくるのだろうか。軸足を置いた方が裾野であり、そうでない方が山頂になるだろうか。なるほど事はいつでも軸足から始まる。

哲学者は一般的に軸足を純粋な領域の方に置く。そこが彼らの開拓する領域だからである。だが、そこが裾野であるか山頂であるかははっきりしない。日常的な領域から純粋領域に向かう哲学者もいれば、逆に純粋領域から日常的領域に向かう哲学者も想定できる。こうしたことは本書では繰り返し登場してくる。直感や心に純粋と不純が共に含まれていることでこのようなことが起こってくる。一般にパラドックスと呼ばれることはこのことと関係している。

カントやハイデッガーが純粋領域にこだわり続けたのは彼らが希有の先端的哲学者であったことからすれば当然だが、その結果、純粋でない直感、つまり直感一般があたかも落し子のように後に残されるままになった。これも一つのパラドックスであろう。カントやハイデッガーが目指した方向にこそ人類の抱える謎はあるが、逆に直感一般という落し子が残されたわれわれの日常生活にも今なお未開拓な領域が広がったままになっている。それもまた謎であることは、現代の日本で「心の闇」という言葉が広がっていることにも端的に現れている。どちらが裾でどちらが頂なのかを決めるのは単純なことではない。本書はその両方を視野に入れている。

第二節　普通の直感

心は誰にでもある。このことを否定する人は少ないだろう。たとえば殺人鬼と呼ばれるような犯罪者についてその心のありかを疑うこともありそうだが、それは心のありようが歪むなり壊れるなりしているのであって、心がないわけではないだろう。一匹の虫にも一寸の魂という諺《ことわざ》もある。その場合、虫と心の関係はどうなっているか。心と魂の関係はどうなっているか。こうしたこともいずれ直感との関係で考えてみる必要がある。いずれにしても人間と心は切り離すことはできないと考えてよい。だが、これも千、万、億年単位の未来のことについては何とも言えない。そんな先のことはどうでもよいことだが、こと心のこととなれば必ずしもそうではない。もし仮に人類から心が切り離されるようなことが起こるとすれば、その兆し、その発端、その分岐が今この時代に潜むということもありうるからである。人類文明の生滅については謎が多いが、心が滅ぶことが文明の崩壊と一致している可能性は必ずしも小さくはない。飛躍したついでに、たとえば宇宙人レベルの話にまで飛躍すれば、彼らのもつ文明の高度さは問わないにしても、彼らに心があるかどうかは問いに値する。知の進み過ぎが心を壊すこともおおいに予想できるからである。そう考えれば、現代に一つの決定的な分岐点があると思ってもけっして妙なことではない。

心とは勝れて人間的なものであり、単に特徴的と言うだけではなく、たとえば神ももちえないありようとして人間は心を自らのものとして現代に至っている。普通の直感という呼び方はこのようなありようの心のことを指している。前節で純粋な直感のことを述べたが、その方は神のありように近づく心のありようと言うこともできる。乳児や聖人や芸術家のことが引き合いに出されたのは、この種の人間たちが神と呼ばれるような存在の近くにいることを示していると考えてもよい。心は誰にでもあるという言い方は、そのまま直感は誰にでもあると言い換えることができる。直感が心を成り立たせているからである。あるいは心が直感を成り立たせていると言い換えてもよい。このことについては改めて述べることになる。

直感は誰にもあるが、そのありようはみな違っている。その多様さこそがカントやハイデッガーがその究明に乗り出さなかった背景であり、この二人を持ち出すまでもなく大半の心理学者や哲学者がこのことを主題化しない理由である。大半の心理学者にとって直感は普通のものであれ純粋なものであれそれが実証不可能であることから排斥される。また、哲学者にとっては、純粋領域に限ってのみ学問的思惟を進めることが本来的に可能である。経験的事実を追うことは彼らの本来の仕事ではない。根源を裾野と見なすにせよ、あるいは超越を山頂と見なすにせよ、彼らにとっては物事の始まりと源こそが大事である。実際、人間はこれらの始まりと源の内にあって日々生活している。普通の直感を日々働かせて生きている。一人ひとりの仕方で。だが（と言おうか）、したがって（と言おうか）その始まりと源はこちらにもある。一人ひとりの個人の内に直感のもう一つの始まりと源がある。これまで学問が光を当ててこなかったのはこの領域である。人間は二つのものの間で生きている。あるいは三つのものの間と言った方がよいかもしれない。このことについても改めて詳しく述べる。

直感について純粋とか普通とか述べるのは、単にそのありようが違って見えるというのではなく、二つの始まり、二つの源をもって人間が日々生きて、直感を働かせているからである。これはけっして心理学や哲学の対象となりえないものではなく、むしろこの両者の学問こそが主題化しなければならないはずのものである。その場合、純粋と普通とを区分することが必要で、この二つを一緒に扱うことで困難は必至となる。

本書では普通の直感を追うことを趣旨とするが、すでに述べたようにそのためには純粋な直感もまた追うことが必要になっている。純粋な直感の方に直感の本質があるからである。それを理解せずに普通の直感を理解することはできない。おそらくその逆もまた真であろう。世界が人間と切り離せないとすれば、人間に広く属している普通の直感のもつ意味もまた重い。そこにある二重構造、あるいは多重構造もまた純粋な直感に劣らず本質的である。直感を主題化することについてはこのような困難さが属していることもあらかじめ知っておく必要がある。稀有の二人の先端的哲学者がその片方だけに究明の道筋を設けたからと言って、残されたもう一つの道が平坦なものであるとはけっして言えない。前者の道には古代からの長い学問的伝統の蓄積があることを思えば、そのような伝統をもち合わせていない後者の道には一層困難な迷い道も予想される。

第二章

心は生きている、心には働きがある

「女心と秋の空」という諺は女性の心の移ろいやすさを述べたもので今の男女同権の時代には非難も受けかねないが、女性に限らず心が移ろいやすいことは当たっている。これほど気まぐれなものもない。心が本来気まぐれだから、あえて堅い決意とか不動の心などとか言われもするのだろう。実際移ろうことは心の本質とも言え、ハイデッガーは純粋な直感を根源的時間との関連で述べ、この両者は同じものであるという結論に達している。この点はカントの場合は違っていて、超越の不動性が前面に出て、その言明は最終的にあいまいさの内に霞み、後世にさまざまな解釈をもたらし混乱の元になっている。心理学が心を分割し、分析することとなっているのも、動いてやまない心を学問として扱うにはそのような方法しかないからである。生きたままの心を実験的に扱うにしても、その対象は物とは違っているからやはり限界は必至である。

こうしたことは直感においても当たっていて、直感を固定してしまってはもはやそれは直感ではない。直感を究めるためには直感自身をもってするよりないのである。本書の論述でもそのことは常につきまとっていて、このような文章ではいつでも直感が働いていることが必要で、しかも書き手はいつでも意識のどこかにそのことを捉えておくことが求められる。もともと一筋縄ではいかないのが直感の扱い方である。しかし、それはまた一つの利点でもあって、直感にはすでに触れたように別の源もあって、その方は学問の知に通ずる側面もまた内に含みもっている。人類の文明とはそのようなことの集積にほかならない。普通の直感はそのようにして日々生き、働いている。そのあたりのことを本章では取り上げる。

第一節　知る直感

「知る」というのは心の働きの主なもので、心理学では知覚・認知と言い、哲学では認識と言い、それぞれその説明もされる。だが、「知るとは何か」という問いそのものの答えはこのことからだけではわからない。それは一つの切り口にすぎない。哲学はさらに根源や超越に向けてこの問いを持ちつづけるが、説明が加われば加わるほど「知る」ことの一般的な意味からは遠ざかってしまう。それならば日常的な意味での「知る」ならば、答えが得られるか。「知るというのは、知るということだよ」と答えて終わりにならないか。「あとは、いろいろな『知る』があるだけだよ」という返事で済まされないか。実際、日常的にはそれで済む。あとは一つひとつの「知る」を確認していけばよい。だが、ここではそれでは済まない。「知る」ということそのものが問題である。この問いが期待しているのは一つのまとまりとしての答えである。心や直感が「知る」ということの意味が問題となっている。どんな場であれ、人はいつでもそのように心を働かせて「知る」を行っている。

さて、心や直感はどのように「知る」ことを行っているのだろうか。この問いの答えは難しいが、だが答えはすでに出ている。誰もがすでにそのことを行っているからである。生まれて間もない赤ちゃんでもそのことを行っている。あるいはチンパンジーでもそのことを行っているかもしれない。「知る」というのはそういう心や直感の働きのことである。

だから、答えはこうなる。「知る」というのは心や直感が働くことである。これは同義語反復か。違う。「知る」ことと心や直感が働くこととは違う。この答えは一つの確かな説明になっている。

それでは心や直感が働くということはどういうことか。だが、これも答えはすでに出ている。この文の進行がそれを明かしている。心や直感が働くということは、今現にここに文の連なりとしてあり続け、文字として残されているものの内にある。

答えがすでに出ているのに、なぜ答えを求めてこの文は生まれつづけるのか。この問いこそが大事である。心や直感が文字を求めているのである。なぜか。「知る」ためにである。心や直感は自らがあることはわかっている。ここにそれは現にある。だが、それは単にあるだけである。と言っても、その心や直感は働くものとしてある。文字として残る場合でも働くものとして残っている。

こうして心や直感は自らを「知る」。心や直感が働くということは自らを「知る」ことである。たとえば、ここで起こっているように文字が言葉として、文章として生まれることである。このことは哲学であれ心理学であれ同じである。説明の仕方は違うにしても、説明されるものの方は同じである。哲学のように純粋領域で説明されるにせよ、心理学のように「知る」という領域で説明されるにせよ、共に「知る」ことについてであることに変わりはない。日常生活で人々が「知る」こともまたこのようなものである。今ここで進んでいるように日常的に文章を書くことにおいてもそうである。心が、直感が働いている。

文章を書くということは、単に「知る」ことではないと異論が出てくるだろうか。しかし、その異論はおかしい。「知る」ことを問いているのに「知る」という言葉を使うのは反則である。そのように反則的に使われる「知る」には、「知る」の本来の意味とは違うものがすでに含まれてしまっている。「知る」というのは、今この段階では、心が、直感が働くこと以外にはない。

これでは何のことかわからないということであれば、表現の仕方をもう少し前に進めてみてもよい。「知る」とは何かという問いに沿ってこう述べてもよい。あるいはそう述べた方がよいかもしれない。何かよくわからないものとしてあるものの上に心を、直感を働かせる、と。そのこと自身が「知る」ことだ、と。「知る」というのは、普段われわれが思っているように、向こうにある何かを捉えるようなことだけを意味するわけではない。たとえば、生まれて間もない赤ちゃんがそのようなことをしていないということは誰にも了解できる。せいぜい心を向こう側に向けるか、飛ばすかしているようなものであろう。向こう側というのもおかしいかもしれない。やはり、心が、直感がただ働いているだけと言った方が当たっている可能性が大きい。だが、あたかも投網のように向こうに投げかけるという表現は、心や直感の働きの比喩としてはふさわしい。実際、ここで文章が前に進むのも、そのようなものだからである。何かわからないものに向けて網を、つまり心や直感を投げかけるようにして文字や言葉や文章が生まれつづけている。このことにもすぐに異論は生まれるだろう。自分が文章を書く時にはそんなことは起こっていない、と。だが、その異論には、そこでの心や直感の働き方が違うだけと述べておけば足りる。直感のありようは、心のありようと同様に多種多様である。

このように述べてみても、事態はあいまいなままで、むしろ複雑でわかりにくくなっただけだという意見も出てくるにちがいない。いっそのこと「知る」は「知る」こと以外にないと、一般の人が同義語反復することの方がわかりやすい。実は、これは心という言葉が一般の人に扱われている仕方である。そのことが何のことかはよくわからないが、しかしそれは確かにあるから「心」と呼ぶ。それと同じで、「知る」こととは何のことか分からない（心理学や哲学が説明するようには言えるにしても）が、ともかくそれは確かにあるから「知る」という言い方をしておく。同義語反復がそのようにして生まれている。それはそれでよい。だが、このようなあいまいさとはいったい何だろうかと問うなり、考えるなりしてみることは一般の人でもすべきことではないか。せめて気にかけてみる必要はないか。「心の闇」とか「心の癒し」などと真剣に言うのなら、その「心」とはいったい何のことかと考えるのは人間としてのあるべき姿ではないか。そうでなければ「心の闇」とか「心の癒し」などと言う資格もないのではないか。なぜなら心をあいまいなままにするのならそこに闇が伴うのは当然のことだからである。「心の癒し」にしても同様で、心の癒しが問題となる時、心がどのようにしてあるのかがわからないままではその癒しのことを述べることはできないのではないか。臨床心理学は学問としてそのことに取り組むが、それが学であることによって心は細切りにされる。学に近づけば近づくほどそうなる。

このことは「知る」においても同じである。求められているのはひとまとまりの「知る」ことであり、ひとまとまりの心のことである。ひとまとまりという言い方を変えて、現に働いている「知ること」「心のこと」であるとしてもよい。すでに述べたように、たとえば現にここで文章が生まれつづけていることの内にあるもののことだからである。確かでありながらあいまいなものとしての「知ること」「心のこと」が問題となっている。

「直感が知る」という言い方には一つの前進がある。なぜならここでは直感を純粋なものと普通のものとに分けてあるからである。純粋な方のそれはすでに西欧哲学がほとんど解明をし尽くしている。残されたのは普通の方のそれであり、そう限ってみれば心理学がそれに向けて学を前に進める手筈は整っている。心理学はもともと一般の人びとの心を対象とする学問である。ただ、その場合には直感（とりわけ純粋な直感）のもつ特殊性、つまり他のどの心理的要素とも違って根源のものであり超越のものであるという前提を認める必要がある。根源や超越を含むものとしての直感を扱う立場が求められる。そうでなければ直感は消えてしまう。心理学がひとまとまりとしての心を扱えないのと同じである。すでにその純粋な部分については哲学や現象学が学のメスを入れ終わっている。その一里塚に残された知見を引き継いで、心理学が残りの普通の部分についても学のメスを入れる用意はすでに整っている。

本書では、「知る直感」のことについてはまた後に詳しく取り上げる。そこでは「純粋な直感」の要素としての「根源」および「超越」とともに、「普通の直感」の主要素である「自己」が視野に入れられる。あらかじめここで確認しておく必要のあることは、「知る直感」についてはすでに述べたとおり直感そのものに根本的な二つのありようがあることから、この方でも二つのありようがあるということである。哲学や現象学が「知る」こととして直感のありようを規定した仕方がすでにある。そのことについては今まだ一般に広く知れわたってはいないが、今後そのありようが徐々に一般の人びとにも広がっていくであろう。それはフロイトによって創始された精神分析が切り開いた無意識概念がその後広く一般化したのと同じ運命を辿るであろう。実際、この方の「知る」には先験的（アプリオリ）な意味が含まれている。意識が「知る」前に、意識にすでに「知られる」ことが含まれている。つまり、経験以前のものが含まれている。経験以前であるということは、その「知る」はすでにあるもののこととなっている。「知る」はすでに成立している。

哲学や心理学でカテゴリーと呼ばれるものはこのようなありようを表現している。しかし、前者の哲学が引き続きそのような「知る」の内に人間との関わりを追い続ける点は、後者の心理学がそこ止まりで「事実」の陰にそれを隠してしまうのとは違っている。哲学では引き続き人間が生きることが問題となっていて、そのこととカテゴリーとの関係が引き続き問われるが、その点、心理学の方では逆にカテゴリーを実際の「生きる」こととの対照を事後的に点検することで終わる。このようなことにおいて大切なのは、「生きる」にしろ「知る」にしろ、それが時間概念と密接であり、時間概念をどのように扱うかで事態は一変してしまうということである。本書では、こうしたこととの関連で「知る直感」については後に改めて考察される。

第二節　表現する（話す、書く）直感

心と表現は密接である。心には形がないから、心は自らの形を求める。そうでなければ心は存在しないと言ってよい。これまで心のことをあいまいであると言ってきたのは、すべてこのことと関係している。心は心自身としては存在しない。だが、そうは言ってもそう言い切れないのが心であって、誰もが知っているように心はそこに、また現にここにある。存在しないのにある。心のもつ不思議さはこのことに尽きる。その不思議さから逃れるには、あるいはそれを緩和するには、それに形を与えることが必要である。それが表現ということであり、人間の日常生活では話すことと書くことがその主な役割を担っている。その場合の形とは言葉である。話す場合には音として形はあり、すぐに消えてしまい、心はすぐにその本来のありように戻る。他方、書く場合には文字として残り、形は保存される。

前節の「知る」の主題の下でもすでに書くことが取り上げられたが、それは「知る」ことにおける心や直感のありようとしてであった。そのことの内に実は「表現する」ことが一緒になって現れている。そこでは「知る」ことと「表現する」ことは重なっている。言葉として一つになっている。それでは、表現することとしての「話す」や「書く」とはいったい何のことなのか。それらは「知る」と重なっているにしても同じではない。

心が自らの形を求めるありようが言葉であるという言い方は比較的わかりやすい。このようなありように身体と関連する表情や行動を加えてみれば、事態はさらにはっきりしてくる。これもまた心が形を求めるありようである。さらに、言葉とは別に絵や映像のことを加えれば、事はもっとはっきりしてくる。これもまた心が形を求める一つのありようである。それらはいずれも表現という言葉でひとくくりできる。だが、一見してわかりやすいこれらの現象も、

改めて心との関連で考えると必ずしもはっきりしていない。これまでの心の扱いと同様である。

そのような各種各様の〈形〉の内に潜む心について改めて考えてみなければならない。それがそこにあり、そこで働いていることは確かだが、それがどのように働いているかとなると前節と同様にあいまいである。確かさとあいまいさが混然としている。つまり、心は依然として心としてそこにある。各学問がそれを説明はできるし、人びとはその〈形〉を通して心を捉えることもできるが、事はそれ以上には進まない。ここでもやはり、心をひとまず直感という言葉に置き換えてみることが必要である。純粋と普通との区別をしておいてから、おもむろにそれに近づいていくのがよい。

直感が形を求めるという言い方は、心の場合とは違ってどこかおかしい。直感という言葉をそのように使うにはその意味が不確かすぎる。心もまた不確かだが、この方ではかえって「心が形を求める」という言い方はなじみやすい。心の方はわれわれに身近だからである。「心が形を求める」ことと「われわれが形を求めること」が重なるからである。だが、直感の方はどうやらそうはいかない。この違いは重要である。直感という言葉は心という言葉ほどわれわれに身近でないためにこうしたことが起こる。その働きに大きな違いがないにもかかわらずそうである。直感の働きがわれわれの日常生活にとって極めて密接であることはすでに述べた。その証はここで生まれつづけている文章に明らかである。直感は思考との関連に限らず、日常生活における人間のすべての行動を支えている。

こう述べれば直感という呼び方に問題があると思われかねないが、実はそうではない。むしろ、逆である。直感は現にいつもわれわれと共に働いていて、そのことを直感の働きと呼ぶことに何の過ちもなく、直感が責めを受けるいわれは何もない。直感の純粋な部分についてはすでに学の論理が証している。問題は日常的に働いている普通の直感の方だが、これについては心とほぼ同様であり、そうでなくとも重なっている。

本書では、直感自身が自らについて一つ一つそれを形にしていく作業が続く。現に今直感が文字を求めて前に進んでいる。直感が自らの形を求めている。ここでは単に「知る」ことが起こっているのではなく、「表現する」こともまた起こっている。この現象を「心が形を求めている」と述べるよりは「直感が形を求めている」と述べた方がずっと的確であり、現に起こっていることをはっきりと示している。

不確かなのはむしろ心の方で勝っている。純粋なものも不純なものもすべてひっくるめて「心」と呼ぶからである。われわれが「心」という言葉になじんでいるのは、その言葉のもつ多用性と便宜性によっている。なるほど心もまた直感と同じくわれわれの日常生活で密接に働いているが、本来心の働きはわれわれの目の働きや手足の働きなどとは違う。その純粋な部分はわれわれだけのものではない。このことを見誤ったまま人は「心」という言葉を気軽に使っている。形を求めるのは本来「心」であって、われわれではない。一つひとつのすべての表現はそのようにして生まれている。現にここで文字が生まれつづけているのはそのようにしてである。

カントやハイデッガーなどの西欧哲学が明らかにしてきた純粋直感は主に「知る」ことについてであった。それが哲学の役割であった。したがって「表現する」ことと純粋直感の関係については必ずしも明らかにされていない。「表現する」ことはむしろ芸術と関係が深く、芸術が自らの理論としてそれに取り組むのが筋だからである。その一分野として美学という学問がある。しかしそれは美についての学問であって、「表現する」ことを美との関係で明らかにすることを目的としている。心や直感のことを直接問いているのではない。各種芸術の理論はそれぞれの「表現する」ことを扱うが、やはり心や直感のことを直接問いているのではない。また芸術家自身は実作こそがその主な仕事であって、彼らにとってはその作品が美しくあればよいし、価値があればよい。その方法を問うにしてもその成果のためである。

カントやハイデッガーはそれぞれ純粋直感のことを彼らなりに明らかにしているが、この二人の間でもその差異ははっきりしているし、ハイデッガーからすればカントの仕方は不十分ということになる。ただ、二人とも純粋直感がどのようなものであるかについては主題化している。そうであれば純粋直感についてはそれでよいと言えるか。なるほど純粋直感がそれぞれの仕方で浮彫りにされている。だが、本論にとって重要なのは直感の働き方としての純粋直感のありようである。このことはまた後に述べることになるが、ここであらかじめ「表現する」ことにおける直感のありようについては簡単に述べておかなければならない。それは「知ること」における直感と重なるにしても、違っている。哲学者と芸術家における直感のありようの違いである。しかも、単なる哲学者や芸術家の違いではなく、それぞれ先端を行く稀有な哲学者と芸術家の直感が問題となる。その他の哲学者と芸術家においては直感はそれぞれ多かれ少なかれの度合いで普通の直感との間に連続性がある。それらは純粋に近いにしても純粋そのものではない。たとえばハイデッガーは少なくとも純粋直感に近接する境域に立っていたし、あるいはニーチェもまたハイデッガーとは違ったありようでそうだった。前者の場合は「知る」ことにおけるものだったし、ニーチェの場合は「知る」ことに加えて「表現する」ことにおけるものでもあった。

「表現する」ことにおける純粋直感ということであれば、ハイデッガーが詳しく分析しているヘルダーリンのことを挙げるのが適切であろう。この場合には「表現する」のはなるほど詩人としてのヘルダーリンだが、もはやそこでは人の影は薄くなり、「純粋直感が表現している」と述べるのが適切である。これはもはや「知る」ことにおける直感のありようではなく、「表現する」ことにおける直感のありようを示している。そこでも「知る」ことが問題となれば、ハイデッガーがそうしたようにその詩を読む者の方において純粋直感が「知る」こととして働く。「直感」は「表現する」ことと「知る」ことに分離してその役割を果たしている。ただし、これは純粋直感の場合の話であって、普通の直感の場合のことではない。

普通の直感においては「知る」ことにおける直感と「表現する」ことにおける直感は重なっている。そこで直感が働く限りにおいてそうである。表現には直感がほとんど働かないものもあるから、これらについては論外である。たとえば学問が純粋化すれば「知る」ことにおける直感として一つになる。学問における直感は「表現する」こととは別の本来の役割につく。とはいえ、学問における表現、つまり論文もまた表現には違いない。だが、その表現は直感とは別の所（論理）からやってくる。表現はそこでは「知る」ことと一体化し、論理による文章が生まれている。カントがその哲学で追求したことはこのことにほかならない。その場合の「表現する」ことは今概説したように単純なものではない。「表現する」主体が除外されてしまっているからである。そこにはなお純粋直感が「表現する」直感として潜んでいる。論理の主体がどこにあるかが問われなければならない。このことについてはまた後に述べる。

「表現する直感」についてむずかしい話が続いたが、要は言葉に関して言えば、「思わず話してしまう」こと、「思わず書いてしまう」ことの内に「表現する直感」が働いているということである。ヘルダーリンが表現の極限で詩を書いていることと、主婦やサラリーマンが友人と世間話をしていることとの間には「思わず話してしまう」こと、「思わず書いてしまう」こととしての直感の働きが共通して存在している。前者の場合には、それが芸術であることから当然のこととして厳しい推敲なりが加わるにしても、その本質的なものは思わず言葉になってしまうことが詩という芸術の命として働いている。そこで働いている直感は純粋である。他方、後者の場合は文字通り「思わず話してしまう」ことが直感として働いている。さまざまな心のありようがそれらの会話を成り立たせている。「表現する直感」とは、言葉に関して言えばこのような心の働きのことである。心が言葉という形を求めているのである。

第三節　行動する直感

霊長類としての人間を特徴づけるものとして心が第一に挙げられると言ってよいだろう。これに直感を加えることも許されるかもしれない。しかし、これまで繰り返し述べてきたとおり、心と直感は重なるにしても同じではない。その違いが最もはっきりするのは、行動する際の直感を取り上げる場合である。「行動する直感」という言い方はそれほど奇異ではないが、「行動する心」という言い方には抵抗がある。直感という言葉が心ほど一般化していないことが直感の方に幸いし、逆に心の方は身体としての行動と対立して違和感が生まれている。見えないことを特徴づけている点では直感も心も大差ないが、直感には新たな意味を含ませる可塑性が残されている。さらに本書では直感を前もって「純粋」と「普通」に区分していることからあいまいさが緩和され、「行動する直感」という言い方を改めて検討してみることが可能となっている。

実際、前述したことは「直感」を主題化する上で重要である。心と対立する身体が行動において特化するからで、人間以外の動物に心があるかは問わないにしても、行動において働く心のありようは明らかに人間とそれ以外の種を区分している。これまで直感と心の二つを並べて扱ってきたが、本節ではこれに身体を加えてそれぞれの関連を問うことが必要となる。そのように前置きしても「行動する直感」という言い方に異議を唱える人も多いだろう。行動と直感を結びつけて考えることが一般化していないし、学問的にもはっきりしていないからである。直感については、先に述べたとおりその純粋領域に限って哲学と現象学が理論化し、そのありようを証している。科学としてはまだ実証されていないが、心の存在を否定する人はいない。あるいは心の存在は否定しないが、直感の存在については否定すると言う人はいるかもしれない。ましてや「行動する直感」という言い方になればなおさらである。

前節までで「知ること」と「表現すること」における直感を取り上げ、その存在の確かさとして言葉を例に挙げた。さらにその卑近な例としてここでの文章の展開のことを述べた。そこでこそ直感が働いていると述べたが、これは心が働いていると述べることと同じである。文字を生むのには心のほかに行動もまた不可欠である。現に今ここでは論者の手の指がワープロのキーを叩きつづけている。そこで働いているのは私の心、私の直感である。私の感覚だけをそれにあてがうのは無理である。その動きの複雑さは感覚だけでは担いきれない。ピアジェの言う「感覚運動」ならば担えるか。これは一歳半から二歳までの幼児のもので、次の言語使用段階の準備期とされる。言語使用が可能になれば感覚運動は終わってしまうか。違う。話す場合であれば舌や口の動かし方に感覚運動の働きが待っていて、それが言葉の働きと同化する。ワープロの操作もその延長線にあると言ってよい。大切なのはここでは指の動きと言葉の生み出しが一体化していることで、感覚運動と言語活動は一つのこととして展開している。そのひとまとまりの働きを心と呼び、直感と呼んでいる。

「行動する直感」ということであれば、もっと別のありようを取り上げた方がわかりやすい。純粋な行動としての各種スポーツに見られる運動である。そのどの場面を取り上げてみても直感が働いている。少なくとも感覚運動が働いている。だが、やはり感覚運動だけが孤立して働いているわけではない。そのいずれにも知的な要素が多かれ少なかれ働きとして一体化している。また踊りのようなものであれば、表現としての美的要素が一体化している。日本舞踊であれ西洋のダンスであれ同じである。

「行動する直感」として最も典型的なのは、ピアノ演奏の鍵盤の連打ではないだろうか。その激しい演奏を可能にしている働きを一つ挙げるとすれば心か直感しかないだろう。これはもちろん単なる行動ではなく、作曲家によって生み出された楽譜が基となり、しかも作曲時に込められた心が演奏者によって再生され、しかもそれが限られた鍵盤の上でありったけの複雑な動きによって現実のものとなっている。ここには「表現する直感」が前面に出てきて働いている。しかもそれを可能にしているのは演奏上現に働いている知である。直感のありようはこのようなことの内に明らかである。

さて、それではそこで直感はどのように働いているか。それがここで問うべきことである。前節の「表現する直感」においては、心が形を求めるというありようのことを述べた。その一つの典型が文字であり、話し言葉であった。後者における形とは音としてのものだから一瞬後には消えてしまう。言葉において直感の働きはそのようにしてあるが、この直感の働きには身体が参加する。文字が生まれるためには、どのような媒体を使うにせよ原則的に手の指の動きが不可欠である。このことは重要である。なぜならこの点において直感を心と並列するような今までの仕方は不適切だからである。心は身体と対立し、心が形を求めるありようにおいて心とは別に改めて身体の助けが必要となる。だが、直感であればその働きの内に身体の働きを含むありようを想定できる。直感の働きようは身体の働きと対立的でないと想定可能である。前節では触れなかったが、表現する直感の働きには身体の働きが含まれていた。他方、心が表現すると言う場合には身体の働きの助けがあって初めて可能となるという付帯条件が必要である。

このことは、本節の「行動する直感」ではいっそうその特徴を浮き彫りにする。行動は身体と切り離せないからである。ここでは心よりも身体の方が本質として前面に出る。行動の本質は動きだからである。直感はこの動きの内で働いている。心もまたこの動きの内で働いていると言うことは可能である。しかし、その働きのことを取り上げる場合は、心の働きと身体の働きを別に扱う必要がある。この区別を統一するには神経や生体の科学の助けを借りるよりない。と言うより、それのみが統一の可能性を保証する。それでは直感の働きということであればどうか。この方の働きのありようでは、心と身体の統一性がすでに含まれていると言うことができる。実は直感の働きを純粋なものと普通のものと区分してきたことには、直感のもつこのような特質が前提としてあった。普通の直感の働きのありようにはすでに身体の働きが含まれている。というのは人間が日常的に生きる時には身体が生きることに重なっているからである。人間が動物の種である限りそうである。

すでに取り上げた「知ること」において働く直感に身体の働きは含まれているか。含まれている。たとえば「体が知る」という言い方にそのことははっきりしている。「体が覚える」という言い方でもよい。現に身体がなければ知ることはできない。知るということは生きている限りのことである。直感にはすでに身体の働きが含まれているという言い方はこのことを示している。「心が働かなければ知ることができない」とすでに述べたが、身体についても同じことが言える。

それでは純粋な直感においてはどうか。純粋な直感の働きの典型例として、ヘルダーリンのある種の詩作、ある種の哲学者の思惟、ある種の巫女の言動などが考えられた。これらにおいて身体の働きはどのようなありようで直感に含まれているか。あるいは含まれていないか。巫女の場合は、直感は身体行動と一体化している。ヘルダーリンのある種の詩作においてはどうか。これとても身体の働きを否定することはできない。話すにせよ書くにせよ、すでに述べたとおり言葉は身体と密接である。前者では口や舌などの働き、後者では手の指などの働きが不可欠である。最も純粋な直感の働きがあれば言葉は身体の動きなしでも生まれるか。言葉がどこからか降るように生まれることはありうる。巫女の場合と同じように。だが、その場合でも詩人の身体が生きていなければ不可能である。そう述べれば哲学者の思惟においても同様である。こうしてみてくれば身体抜きの直感の働きというものは考えることができない。これは元より当然のことであって、身体と対立的な心でさえ身体抜きで自らの働きを完遂することはできない。ただそれぞれの場合のありようが違っていて、その最終的な二つのありようが直感と心のありようの違いとなる。前者は身体の働きを内のものとして含み、後者は外のものとして身体の働きの助けを得る。このことは直感のありようを考える上で重要である。

「表現する直感」と「行動する直感」との関連についてはすでに触れているが、身体の働きとの関連で以下、若干付け加えておく。「心が形を求める」と言う時、「表現する直感」では形を取るものは文字であっても絵であってもよいし、場合によれば目に見えない音であってもよい。だが「行動する直感」で形を取るのは行動する人間の身体である。運動ということであればすでに述べたとおりスポーツ全般に特徴的で、直感の働きは身体の働きと一体化している。だが、運動における行動は他の行動とは違った特徴をもつ。その目的性で違っている。運動においては多くは勝負の決着が目的になっている。あるいは運動の成果が目的とされている。身体の働きはこのような目的と一つになっていて、直感の働きはこの方向で純化している。各種スポーツに当たってみればこのありようははっきりしている。他方、運動以外の行動の一つのタイプとして社会的行動が挙げられる。多種多様の社会的目的があって、その目的に向けて行動が取られる。その場合、それが社会的目的であることから身体の働きよりも知の働きが前面に出てきて、それが直感の働きのありようを特徴づけている。また、これとは反対のタイプとして社会的目的の希薄な衝動的行動がある。これは身体の働きと極めて密接である点で運動と近似するが、身体との一体性は運動よりもなお密接である。そこでも直感は働いているにちがいないが、その働きは動物の行動の働きに近いありようを示す。いずれにしてもその際のキーワードは身体である。こうしたことについては改めて詳述する。

第三章　心は複雑である、いろいろなものが組み合わさっている

第一節　自己と共にある直感

心が形を求める働きの内で直感が働いている。この結論は直感を主題化する上で重要である。心が形を取る方向に二つの方向がある。一つは言葉の方向で、これと同種のものとして絵やイメージなどがある。もう一つの方向は人間の身体に向けてのものである。身体そのものが心のありように見合った形を取る。心と身体が互いに結び合って形を取る。直感はそのようなありようで働いている。言い換えれば、一つには直感は言葉との関連で働き、もう一つには身体との関連で働いている。

ここで現に進行している文章の作成にも今述べた直感の働きの二方向が同時に現れている。一つはワープロの画面上の文字に。もう一つはワープロのキー上で動き続ける私の手の指の動きに。一方で心（直感）は言葉を求め、他方で心（直感）は指の動きを求めている。言葉は手の指が私のものであると同様に私のものである。私が書いた言葉である。

私が生きることと一緒に心と直感が働いている。生きている〈私〉とは私という〈自己〉である。死んでいる私に

は自己はない。せいぜいあっても亡骸である。生まれる前の私にも自己はない。せいぜいあるのは胎児としての私である。そのいずれにおいても心や直感のありかははっきりしない。

直感は自己を中心にして働いている。一つは自己に備わる身体に向けて、もう一つは自己が生み出す言葉に向けて。前者の方向の先に動物と共有される身体領域が想定でき、後者の方向の先に言葉が純化される表象領域が想定できる。このような領域間の関連を成立させているのは自己としての直感である。言葉は話すことと書くこととしてあり、身体は動くこととしてある。そのいずれもが生きることと重なっている。生きることと密接しているのは自己である。心と直感はこのような条件の下で働いている。

心と直感は有限である。生きている限りで心と直感は働く。また、自己がある限りで心と直感は比較的はっきりしている。人は自己として日常の生活で心を働かせて生きている。また、直感を働かせて生きている。ただし、その場合の直感は普通の直感である。

直感は自己として働くことによってその本来もっている純粋さを失う。その代償として「普通さ」を得て、日常生活を健全に、社会適応というあり方で生きる。だが、すべての人がそのように生きているわけではない。

一方に、直感の純粋さを求めて生きる人びとがいる。また他方に、自ら直感の純粋さを求めるわけでもなくそのような立場の近くにいる人びとがいる。前者の典型はある種の宗教家や哲学者や芸術家たちである。しかし、純粋さの程度に応じて普通の人びとへの広がりがある。一般の研究者や職人や各種技術者にも直感の純粋さを求めてそれぞれの専門性を磨いている人びとがいるし、スポーツや単なる趣味や遊びにおいてさえ直感の純粋さを求めて技を競ったり、楽しむ人びとがいる。このように直感の純粋さを求めることは普通の直感の一つの特徴的な現れ方である。

ただし、誰もがそうと言うわけではない。逆に直感のあいまいさを嫌って、直感から離れようとする人びとも多い。確かさを追求する学者、保守性が求められる組織人、計算や合理性を重視する企業人や個人などなど、彼らは多かれ少なかれ直感の純粋さを嫌い、自己のもつ確かさを選ぶ。この傾向は変化の急な現代でも不思議に強い風潮となっている。

そのような風潮の中で、確かなものとしての自己から舵取りとしての主体が失われ、機械や組織にその主導権が奪われてきている。直感の純粋さから離れる姿勢が自己をこのような窮地に追い込む。社会そのものもまたそのような特徴を帯びている現代では、この自己が社会適応的に生きる一つの目安となっている。そこに欠陥があるにしてもである。直感の純粋さが失われるということは心が失われることを意味し、そのような進み行きの危うさについてはすでに述べた。「赤信号、みんなで渡れば怖くない」という状況がすべての人にとって身近なものとなっている。

他方、直感の純粋さを自ら求めるわけでもないのにその方向に向かう、あるいはそこにとどまる人びとがいる。この場合には直感の純粋さは否定的に働き、むしろ自己から離れることが問題となる。自己をもつことの大切さとは、すでに述べたように形としての確かさにある。心が形を求めて安定する。〈自己〉は言葉として、身体として日々の生活の中で支柱となる。これを見失い、あるいは掴めないままに直感の純粋さに向けて歩む一群の人びと、彼らの歩む道は茨の道である。そこでは「心の闇」が心の病みとして現れる。「心の癒し」という言葉はこのような文脈の内に置いて理解可能となる。その茨の道は本人の苦しみとしてあるが、それが社会に害をもたらさない限り社会はそのことにあまり頓着しない。直感の純粋さ自身は咎める筋合いのものではない。咎めるとすれば、その個人が自己を見失うか、捨てていることの方である。心をもつことを咎めるとすれば本末転倒であり、その道はやはり「みんなで渡る赤信号の道」に通じている。

このように自己と直感の関係は密接である。とりわけ普通の直感の場合にはこの関係は密接である。それではその関係とはどのようなものか。自己と心の関係ならば、それらがほぼ一緒であることは誰にもわかる。他方、自己と直感の関係は自己と心の関係のように互いに一つになるようなものではない。すでに述べたように互いに反発し合う要素が混じっている。自己は確かさとしてあり、直感はあいまいさとしてある。なるほど心も直感に劣らずあいまいである。しかし、心の方はそのあいまいさもろとも自己に吸収されてしまう。直感の場合はそうはいかない。自己と直感の関係には互いにはじき合う要素がある。直感が純粋なものになれば、互いに相容れない状態にもなる。普通の直感の場合は他を含みもつありようを示す。問題はそのような関係で主体のありようがどうなっているかということである。

人間が生きていく上で自己の主体が重要あるいは不可欠であることは否定できない。主体が欠ける度合いに応じてその生には他者の援助が必要となる。すでに述べたように精神を病む人や乳幼児にそのことははっきりしている。だが、自己があればそれでよしというものでもない。人間に心が必要であることは否定すべくもない。しかし、自己が心を生み出したり呼び寄せたりできないこともはっきりしている。人間が生きていく上で自己の主体の重要性は否定すべくもないが、人間の主体はこのことに尽きるわけではない。この主体には心の参加が必要である。直感の場合には心が含みもたれることが必要である。すでに述べたように直感は自己を構成する言葉と身体ともども働くからである。直感がそこで働かなければ自己は生きることはできない。自己の主体は直感によっても支えられている。それが人間の生きる姿である。心や直感が形を求め、言葉として身体として自己を支えている。自己とは生きている私のことだが、同時にそれは「自己」という〈言葉〉そのものである。その〈言葉〉が〈身体〉という中身を求める。

自己が心や直感を生み出すのでないとすれば、何がそれらを生み出すのか。この問いの逆ははっきりしている。心や直感が形を求めて、自己が言葉として身体としてそれぞれのありようで現れている。事の始まりは、心や直感に形がないことから始まっている。

さて、心と直感は同じではない。前者には中身があって、それが身体と対立する。直感の方はどうか。普通の直感には心と似てさまざまなありようの中身がある。だが、純粋な直感はどうか。これにはとりあえず中身はない。西欧哲学や現象学が明らかにしたのはこのことであり、直感とは形式としての入れ物である。形式（入れ物）が中身としてある。

これは中身がないありようである。そのようなありようの純粋な直感が自己と共にある。ないありようとして。このないありようの直感が形（中身）を求めて直感が働く。心もまたそのようなありようとして形を求める。そのことに自己は立ち合うが、心や直感はそれ自身のありようで自ら生まれている。自己は証人としてその場に立ち合っている。そして自己は言葉や身体のありようとしての確かさを自らのものとする。自己とはこのようなことにおける証人であり、確かさの受け取り手である。そのようにして人間が生きることは可能になっている。

ないありようとして自己と共にある純粋直感を、ここで非自己と名付けておく。ただし、そう述べても純粋直感の働きに自己がないわけでない。このことは重要である。直感は自己を中心として働くという意味はこのことも含む。純粋直感が働く場合であってもそのことに変わりはない。それが非自己と呼ばれるにしてもである。このような矛盾は論理の不備からきているのではない。この矛盾こそが直感のありようを示している。それが直感のもつあいまいさである。ないありようとしてあるありようの特徴である。

自己と純粋直感は対立的である。この対立は単なる対立ではない。互いに必要な対立である。すでに述べたとおり自己は言葉として身体として日々生きていることに特徴的だが、自己は自己自身で生きることができているわけではない。なるほど身体から供給されるエネルギーは生を可能にする。だが、それは動物に限っての生のありようである。人間はそれのみで生きることはできない。言葉としてのありようが不可欠である。仮に言葉が話せないとしてもである。つまり、言葉の背後にある心や直感が不可欠である。

自己は純粋直感を必要としている。心を必要としていると言ってもよい。純粋直感を非自己と名付けることの意味は、そこで自己否定が働くということである。自己と生が密接であるからと言って、自己があればよいと言うものではない。この自己は否定もされなければならない。それが生を可能にする。

自己が否定されるということは自己がないことを意味しない。自己を否定するのもまた自己でありうる。と言うより、自己を否定する自己がなければいけない。人間の生の営みの根源ではいつもこのようなことが起こっている。それによって人びとは生きることができている。直感は日常の生活と密接しているが、根源とも密接である。そこに否定があるからで、その領域での直感の働きを本書では〈空無〉作用と名づける。次節ではこのことを取り上げる。

第二節　根としての直感

人間は〈自己〉と〈非自己（直感の要素としての自己以外のもので、自己と共に一つのものとしてある）〉とによって生きている。自己は日常生活において特徴的であり、非自己は根源領域において特徴的である。後者には空無と呼ばれる否定の働きがある。否定されるのは自己である。否定するのも自己である。自己は自らを否定する働きの内に生き残る。この独特な働きが空無と呼ばれる。否定、つまり無化の働きの内に、ないありようの自己が生き残る。一方で〈言葉〉が否定され、他方で〈身体〉が生き残る。このようなことが人間の日々の営みの根源において起こっている。直感はそこで働いている。その働きは純粋なありようをしている。自己を構成している言葉も身体も共に純粋なありようをしている。根源は言葉の生滅の場であり、身体にとってはエネルギー源としての場である。それぞれ自己を希薄化する限りで純化している。そこで働く直感のありようは複雑である。

フロイトの発見した精神分析法はこの領域と関係が深い。彼の発見した無意識もまた同じである。それらの特徴は、心の根源として特徴化している。意識の否定としてのありようである。意識の生滅が関わっている。直感はそこで働いている。

本書で言う根源は自己の根源のことである。単に心の根源のことではない。身体の根源もまたそこに含まれている。だが、そのいずれもが一つのまとまりとしてある。自己もまたそこにあり、心もまたそこにあり、身体もまたそこにある。人間はいつの時でもそのようにして生きている。直感を働かせて。

自己はそこで自己が否定される限りにおいてある。空無としての自己である。ないありようとなる自己である。言葉もまたそのようなものとしてある。「自己」という言葉ともども他の言葉も闇に没する。フロイトの発見した無意識とはこのようなありようの意識である。否定された意識であり否定する意識であるものが無意識として発見された。さて、身体はどこへ行くか。身体は消えてしまうことはない。文字どおり生きている。この方では生滅は身体の内に含まれてしまっている。

実は、言葉においても生滅はそれ自身の内に含まれている。裏を見せたり表を見せたりしている。言葉は根源においてそのようなものとしてある。身体が根源においてひとまとまりとしてあるのと同じに、言葉もまた根源においてひとまとまりとしてある。だが、言葉は言葉自身が自らを否定することがありうる。そのことの内で自己の生滅が起こっている。精神分析は意図的にこのありように焦点を当てて意識から無意識を分離した。このことを行ったのは原初の精神分析家フロイトの自己である。この自己は患者ともども根源領域に降り立った一人の医者であるフロイトという自己である。この自己の特殊性は直感の主題化において重要である。

直感は常にひとまとまりのありようで働くが、そのそれぞれのありようの内にある自己は主体を維持している。自己にとって自己をコントロールすることは多かれ少なかれ可能である。フロイトが治療家として自らの内に発見したのはこのことである。患者の自己の根源に降りて行き、治療家の自己がそこで起こることの目撃者になりえた。あとはその立場を患者に明け渡してやることが残された。そこで発見されたのが精神分析法である。

直感は無意識以上に複雑である。後者からは意識が排除されているが、前者はその両者を含みもつからである。意識が世界と向き合う時には無意識は没する。無意識が世界と向き合う時には意識が没する。没するということは消えてなくなってしまうことではない。精神分析はそのようなありようをもつ心の無意識に焦点を当て、主題化した。そこでは心そのものが世界と出会うことが欠けている。その代わりとして精神分析は確かさを自らのものとした。精神科医フロイトの自己が成し得たのはそのことである。臨床場面という根源の領域において意識から無意識を分離し、無意識の内で起こっていることを目撃することで確かさが彼のものとなり、その確かさを患者の下にもたらすことが心を治療することであると発見した。このことは精神の病み、心の病みという特殊領域で起こったことである。治療者という自己にしても、患者という自己にしても特殊なありようの内にある自己と関連している。

直感は前述のようなありようを最初から放棄している。直感は一つのまとまりとしてのありようをするから直感でありうる。心が本来そのようなものであることと同じである。さて、このような心や直感が根源の領域で世界と出会うとはどのようなことか。このことが問われなければならない。精神科医フロイトの特殊な自己が精神障害者の特殊な自己ともども、精神治療という特殊な根源領域で世界と出会うこととのアナロジーが見いだされなければならない。このアナロジーでは直感を分割することは許されない。また、医者と患者という二者関係のありようも許されない。一人の人間の自己が自らで、自らの根源に赴き、そこで世界と出会うことを自ら体験しなければならない。直感の発見はそこから始まる。ある種の哲学者やある種の芸術家やある種の宗教家がいつの時代にも行ってきたし、今も行っているように。

世界は感覚を通してひとまとまりのものとして一人の人間に向かってくる。見ることが可能な人間であれば、これほど明らかなことはない。人間が生きて見ている限りで世界は見えている。見えているものを世界と名付ける限りのありようで見えている。そうでなければ、何か無と名付けることができるようなものが見えている。何も見えないわけではないとすれば何かが見えている。確かなことはそれがひとまとまりとしてあることである。ひとまとまりとしてあるから不確かなのである。さて、直感はこのようなありようで何をしているか。そのことが問われなければならない。おそらく直感は何もしていない。見えるありようのものに寄り添っている。見ているのは目である。身体の一部として目が見ている。身体の一部としての目があって働いている。自己の中身がすでに目としてあって､見ている。中身が先にあって自己が生き、見ている。身体がそれを可能にしている。身体としての中身があって、その中身と接するようにもうひとまとまりの心としての中身がある。身体としての中身が心としての中身と出会って、ひとまとまりの直感の中身が生まれている。直感が世界と出会っている。世界が直感と出会っている。言葉はそのことの内から生まれてくる。直感としての中身が衣装をまとうように言葉や身振りが生まれている。中身が空とすれば、衣装が無である。中身が無とすれば衣装が空である。そのようにしてそれが単なる無でないことを明かしている。空として、無として自己がそこにある。非自己がそれを支えている。ひとまとまりとしてあるものの内に亀裂が走るごとに直感が働いている。

ある種の哲学者やある種の芸術家やある種の宗教家はこのようなことを体験する。純粋な直感がそこで働く。自己がかろうじてそれを支えている。自己はさらに前に進むことも可能だが、見慣れた日常の世界に戻ることも可能である。自己に主体があれば可能である。だが、この自己は非自己を背負っている。主体は独り自己のものではありえない。言葉と身体がこの自己を支えている。そのようにして自己は生きている。直感が言葉として身体として働いている。身体は死なない限りはっきりと生きているが、言葉は不確かである。自己自らが言葉を固定し自らを確かなものとすることもできるが、言葉と共に自ら生滅したり、漂うことも可能である。身体との関連の薄まりに応じて主体が自己から直感に移る。自己は多かれ少なかれ直感に身を任せるよりない。それを嫌うのであれば言葉を固定しなければならない。この方向に一つの超越がある。逆に自己が言葉の自由に身を委ねればその方向に別の種類の超越が待っている。

このような二つのありようで現れる超越は共に自己からの超越を意味している。直感がその方向に向けて働く。主として言葉との関連で起こるが、このことと身体が無縁であるかどうかははっきりしない。ある種の宗教家が身体を宙に浮かせることに挑むこともありうる。それが可能であれば、その超越は身体と関連する超越である。それらを可能にするのは純粋直感の働きである。

さて、根源と超越の関係が問われなければならない。両者とも純粋な直感と密接である。この二つの働きが純粋直感を可能にしている。そこでの自己の受け持つ役割もまた問われなければならない。そのヒントは、根源と超越と呼ばれることの内に見えている。根源については、その働きとして空無という呼び方が用意された。超越については改めて次節で取り上げるが、この方の働きは超越ということで済む。超越においては主体作用としての働きが際立つ。この主体作用は自己の主体と拮抗する。自己の主体に打ち克って超越が可能となっている。

こうして見てくれば根源と超越との関係で自己がどのような役割を担っているかも見えてくる。根源とは自己の根源のことである。超越とは自己からの超越のことである。根源と超越は自己を挟んで互いに対照的である。この図式はわかりやすい。複雑さはこのあとにある。自己を挟んで対照的である根源と超越が、同時にそれぞれ自己ともまた対照的である。根源と超越を合わせて非自己とされたが、この呼び方の内に自己との対照性は明らかである。非自己は純粋な直感を引き受け、自己は普通の直感を引き受けている。そのいずれにおいても直感は働いている。普通の直感の働きでは非自己としての純粋な直感が自己と手を結んで可能となっている。自己が言葉として身体として生きることで普通の直感が働いている。

さて、問題は根源と超越の関係のありようである。この二つは互いに対照的でありながらひとつながりになっている。対照的であるのは自己がその働きを二方向に分けることで起こっている。一つは自己から超える方向へ、もう一つは自己の生まれた方向へ。

ここで時間の問題に触れておく。自己から超える方向とは未来に向けての時間のありようであり、自己の生まれた方向とは過去に向けての時間のありようである。自己とは現在の時間のありようである。この三者の関係を行き交うことが生きることである。時間の内で自己が根源と超越を分けるありようが見て取れる。

根源と超越は非自己としてある。つまり非現在としてある。現在でないありようが根源と超越の特徴であり、今でないことで互いに一致している。根源はすでにないこととしてあり、超越はいまだないこととしてある。非自己の非は、この〈ない〉ことを中身としてもっている。この〈ない〉には「空無」と「主体」があって一つになっている。それが純粋直感と呼ばれている。そこにもなお自己が生き残っているのであれば、そこで生きることは普通に生きることとは別のものになっている。次節ではこのあたりの事情を直感との関連で取り上げる。

第三節　超えている直感

自己としての直感は言葉として身体として形をもつことで自らに確かさを約束する。それに伴って直感もまた多かれ少なかれの確かさを手にする。自己と直感はもちつもたれつしている。このようなありようは前節で見たとおり、自己の生まれた場である根源においてはっきりしている。ここで大切なことはこの自己はいつでも自らの生誕の場に戻りうることである。それが人間の日常生活にとってどのような意味をもつかは一概には言えないが、根としての直感が日常生活で自己を支えていることは前節で見たとおりである。根のない自己はただちに死ぬか、さもなければまったく新たな自己を生み出すかする以外にない。心をもたない人間の誕生もその一つの可能性としてある。

たとえば鉄腕アトムの例を見てみよう。そこには豊かに心があって、その象徴のように鋭い二つの耳があって、愛苦しい二つの大きな目がある。意味不明な黒色のブーツがあって、そこからエネルギーが炎として噴出し、心の現れとして言葉が生まれ、天空を自在に飛び抜ける。このアトムの心の根は漫画家手塚治虫の心の内につながる。同じロボットでもこれとは正反対の生きものも想像できる。無表情の顔、空虚な目、ぎこちない身振り、それでもなぜか生きているロボット。われわれ現代人がそのような未確認生物への進化をたどる分岐に立っている可能性は誰も否定できない。身体としての自己を超えることはアトムの比喩を用いなければならず、それ自体が夢になってしまう。漫画のイメージへと超越する手塚治虫の心の生み出す夢である。

さて、言葉における超越はどのように起こっているか。そもそも超えるとは何か。超越とは自己が自らの根を断ち切って進むことである。心や直感にとってそれは直ちに死を意味するが、身体は生き残る。言葉は亡骸となる。心が言葉から離れる。〈身体〉と〈言葉〉が直接手を結ぶ。形あるもの同士が手を結ぶ。ここには心がないから形を求める動きはなく、形についてはすでに身体と言葉とで用は足りている。この身体にはエネルギーも備わっている。このエネルギーを借りて言葉が自動化する。言葉は自ら動く。超越はこのことの内で起こる。この言葉は純粋である。身体もまたエネルギー源として純粋である。自らの根を断ち切った自己が自らを超越する。この自己は自動化する言葉と同様純粋である。身体のエネルギーを借りてこの自己も自動化する。自動化を見守るものの方に主体は移る。超越する直感が主体として生まれている。

言葉や身振りのありようが心から離れることは日常的にもありうる。言葉や身振りが先行するなり習慣化するなりして起こる。むしろこのようなありようは普通のことである。「超える」ということは鉄腕アトムを持ち出すような大げさなことではない。心や直感はそのようなありようで日々働いている。この場合は普通の直感の働きである。言葉や身振りのありようは往々にして心から離れる。それらは専従的に形につく。そこに確かさが保証される。その限りであれば鉄腕アトムとは正反対のイメージが現れる。これが「超える」ことの一つの進み行く方向である。

今現に言葉をめぐって直感が働き続けてこの文は生まれている。ここには心や直感が働いて言葉は生まれ続けている。もしここに心や直感が働かない事態が起これば、そのまま言葉が超える状態に移ることがありうる。言葉が心や直感を離れて自らを生み出す。超越はここに登場する。鉄腕アトムが宙を飛ぶように言葉が宙を飛ぶ。言葉における超越とはこのことにほかならない。生きているのは自己ではなく言葉である。そこでも自己が生き伸びるとすれば変質した自己である。

変質した自己が「超越する直感」を支える。その働きの内で自己自身が変化する。一つの方向は形のある方向へ。もう一つの方向は形のない方向へ。前者の典型が学としての論理である。後者の典型が純粋な詩作である。自己はそれぞれの原理に従って言葉の自動化に従い、自らを変化させ、その主体を超越の主体に譲る。自己はそのようにして生き残り、超越においても人間は生きることができる。ここには根源とは違ったありようの自己否定が働いている。超越が根源と手を結び、そこで非自己が働いている。

自己とは個々の人間のありようのことである。言葉を使い、身体をもつ個々の人間である。ここで一つ大きな問題が生ずる。人間の日々の生活の中でこの個々の人間は生きている。この人間は日々変化する。一人の人間の日々変化するひとつながりの現れとして、一つの生活史が後に残される。そして、それが生きられた歴史であり、これからも生きられる限りにおいて続く歴史である。さて、問題はこのようなひとまとまりの生の内に、根源と超越はどのようにあるかが問われなければならない。確かなのは相変わらず自己が主人公となって生きることが起こっているということである。つまり、心が働き、身体が働いているということである。心が没しても身体は働きつづける。仮想としての未確認生物についてはすでに述べたとおりである。その見取り図からすれば心を没し去ってはならないことは自明である。つまり直感が働きつづけることが至上の命題となっている。さて、個々の人間の生の内で直感はひとつながりでありひとまとまりであるものとしてどのようにあるのか。そのことが問われている。

根源とは言葉や身体の根源のこととしてあるが、このことは個々の人間にとっては自らの生誕の場のことである。そこから一人の人間の生きる歴史が始まり、生きた歴史が後に次々と残される。身体はそのようにして成長していく。このことは人間に限られたことではなく、あらゆる動物、あらゆる生物の内で起こる。ただ人間にあっては言葉もまた発展していく。言葉の発展とあざなわれるようにして心も発展する。直感もまた発展する。

直感は個々の人間においても発展している。その証は身体の発展と心の発展の内に明らかである。一人の人間の歴史において心が退歩するということがありえない限り確かである。一人の人間の歴史の内で心のみが退歩することはありえない。その進み行きはひとまとまりとしてひとつながりに進む。

さて、直感は一人の人間を通してどのように発展するか。この視点から根源と超越に新たな光が当てられる。このことについては発達心理学が先鞭をつけているが、そこでは心は分節されてしまっている。ひとまとりの心もなければ、ひとつながりの心もない。心理学では科学が方法とされ、確かさが優先される。したがって直感については何も明らかにされていない。一人の人間の発達において根源は始めの部分にあるはずだし、超越はその後続の部分にあるはずだと予想が立つ。だがこれも確かではない。

確かなことが一つある。生誕の場にある自己は極めて特殊であるということである。そこに自己があるのかどうかもはっきりしない。だが身体はすでにあるのだから自己の片割れはある。さて、心はそこにあるか。あるのならそれはどのようにしてあるか。この問いに答えることはできない。新生児のみがそれを知っているが、この生まれたばかりの人間には知る直感はあるにしても原初のものである。自らの心のありかを探る手立てはない。

新生児には産声としての泣き声がある。これは何を明かしているか。心のありかがそこにほのかに見える。だがそれがどのようにしてあるかはわからない。あの泣き声は超越から降ってきているということはないか。心ということであればその可能性も否定できない。声自体は身体から出ているとわかるが、それが単なる無意味な声ではなく泣き声であることからすれば、心はそこにほのかに見える。

この泣き声はもちろん言葉ではない。そのことからすれば言葉としての「自己」の発するものでもない。そうとすればこの泣き声は根源自体の、つまり自己のまだない状態の直感の発するものであることはありうる。超越の、つまり自己を越える自己の発する泣き声とするよりは、前者の可能性の方が大きい。超越は言葉との関連が密接であり、また超越とは自己が自己を越えることであるとすれば自己（言葉）の存在が前提となってしまう。新生児は自己や言葉とは縁が薄く、その産声はやはり根源の直感が発するものである。

直感もまた一人の人間の生活史において生誕から身体の死まで、それが発展かどうかは別にしても変化しつづける。エリクソンの自己アイデンティティーの漸成説では、発達と退行は時間的前後が入れ替わりうることを前提としている。過去の課題のやり残しがあれば過去に戻ることが前提となっている。直感の立場からすれば、その場合の過去は未来となる。行きつ戻りつするのが一人の人間の生活の歴史である。生きるということそのものが行きつ戻りつすることである。超越と根源は共に一人の人間の生を成り立たせている。その舵取りがその人間の自己に任される。直感はそのようなことの内でひとまとまりとして、またひとつながりとして人間の一生を通じて働いている。

一人の人間にとっての直感の根源が生誕の始めから生じていると改めて気づいてみれば、人間の直感の最終的な超越が身体の死にあることにも気づかされる。心が最終的に身体から離れて、直感は最終的に超越する。そのとき直感は純粋直感となり、自己の関知できないものとなる。鉄腕アトムの比喩ついでに自己の関知できない死後の純粋直感のありようを想像してみれば、そこに超越と根源が互いに手を結ぶ直感の純粋の極致が見えてくる。日本語ではその想像上の純粋直感のありようの実在を魂と呼ぶ。

第四章　心は発達する

第一節　乳幼児の直感

直感についての定義を仮にとりあえず最も広義に捉えておけば、「生きものが世界と向き合うことにおいて起こっていること」となる。もちろん不完全なものだが、この定義で問題となるのは「向き合う」ということである。向き合うとはいったい何のことか。この言葉はそのあとの「生きもの」、とりわけ「生きる」ことと関係している。無生物には「向き合う」ありようはない。生きもののみが向き合う。この仮の定義の前提として「直感とはひとまとまりのもの、ひとつながりのもの」という規定がある。このひとまとまりでひとつながりのものが世界と向き合う。そのようなものが世界と向き合わないありようとは「死ぬ」こと以外にはない。

人間にとっての生の発端は新生児としての誕生の内にある。その潜在的なありようは母体の一部としての胎児である。そこでも胎児は潜在的に生きている。胎児として世界と向き合っている。死んでいない限りそうである。世界と向き合って何かが起こっている。ここでは主体はないか、ぼかされている。胎児にもまた直感が働いているとすればそれは正に「起こっていること」のありようである。胎児が受け取る限りにおいて何かが起こっている。そこには「受け取る」こととしての主体のみがある。直感はそのようなありようで働いている。

このような直感のありようについては西欧哲学と現象学が純粋直感として明らかにしていることと一致している。純粋直感の本質は受容性にある。ところが直感は一筋縄ではいかない。受容性という本質一つでは純粋直感のすべては尽くされない。哲学の基本目的である「知る」はこの本質のみでは成り立たない。

なるほど、胎児のことに限れば「受容性」という本質で事は済む。そこではその程度の直感が働いている。胎児の直感にできることは「受け取る」こと以外にない。残余のすべては母体が引き受ける。だが、そうであっても直感の本質の一つがすでに働いている事実は重要である。直感の働きがそこからすでに始まっている。その場合胎児にある主体は「受け取る」ことに限定されている。

母体と胎児との関係の内に純粋直感の基本的構図がすでに見て取れる。胎児が根源であり、母体が超越である。しかも、その二者が臍《へそ》の緒でつながり、その一体性が表現されている。母体に自己があるにしてもそれは胎児の自己ではない。ここにはまだ自己は生まれていない。非自己の構図がすでにそこにある。だがすでに自己の片鱗は不完全な身体の形に現れている。胎児はすでに生誕時に発する産声の準備を整えている。胎児には「受け取る」主体しかないが、不完全な身体が産声の可能性を宿している。

生誕後の乳児の段階になれば事態は一変する。臍の緒は母体から切り離され、身体は母体の外に出る。それと同じく産声としての泣き声を原初の心のありかとして発する。一つの直感のありようが整っている。小さな身体が泣き声を発していることに原初の自己のありようが見て取れる。母体はなお近くにあり、表情豊かなその顔が新生児の目の前にある。新生児の原初の自己から離された母体の自己が外にある。この分離は身体においてのみで起こる。心についてははっきりしない。

新生児の身体としての原初自己が同じ新生児の非自己領域を侵している。新生児の純粋直感は早くも次のステップに入っている。他方、新生児の身体は原初自己で充たされ凝縮している。そこで純粋直感がどのようなありようをしているかははっきりしない。フロイトが乳幼児の心の内に見たものは、乳幼児の身体を満たす原初自己の心である。身体に溶けた心、つまり無意識である。この心は身体の導きに従う。胎児にあった純粋直感はもはやここにはないか、どこかに没している。身体が純粋直感を侵しているか、汚しているかしている。身体のエネルギーが心を充たし凌駕している。心に流れ込んだこの特徴的なエネルギーをフロイトはリビドーと呼んだ。

乳幼児において働く直感のありようは特殊である。ここでの自己は身体の方向に偏り直感は純粋ではないが、そうかと言って成人や子どもに見られる普通の直感とは別である。その直感は行動や表情に特徴的に働くが、心は身体と一体化し、そこに埋没している。笑いもし泣きもするが、成人や子どものそれとは違っている。心が形を求めるのではなく、身体が心と共に形を求め、直感はそこで生まれている。身体と一体となった直感が働いている。だが、乳幼児は人間以外の動物とも違って心のありかはその身体の動きの内に見て取れる。ここで働いている直感は人間以外の動物において働いている直感とも違っている。心のありかがこの区分を明らかにしている。

乳幼児期に起こったことについての本人の記憶はある期間を経て没落してしまう。直感にとっての記憶とは時間のありようが当時のまま蘇ることである。過去（根源）と現在（自己）と未来（超越）の三者の関係の内に時間は成立し、記憶もまたそのことの内で蘇る。乳幼児期の自己の働きは言葉の機能不全ゆえに不全である。記憶の欠落はこのことと関連している。乳幼児に起こることは身体に刻印されても言葉としての刻印は不全である。

幼児心理学や発達心理学は乳幼児における言葉の発生について十分明らかにできていない。言語心理学もそうである。科学を方法とする心理学の提示できる実証性は主に観察か統計的処理に限られる。しかし心は観察によって見ることはできない。また統計によってでは生きている心のありようを捉えることはできない。乳幼児の行動をいくらつぶさに観察し、どのように精緻な論理を駆使して考察してみても無駄である。見るのは観察者としての人間であり、見方の条件をいくら統制しても観察者は観察者である。

乳幼児は言葉を用いる時期よりもずっと早い時期に心を働かせている。心があいまいであるということであればあいまいさを本質的に含みもつ直感のことに限ってもよい。この働きには心も身体も一つのものとして含まれている。行動において一つになっているばかりでなく、言葉においても一つになっている。乳幼児であればとりあえず話し言葉のことだが、身体を抜きにして話し言葉のことを考えることはできない。乳幼児においては言葉の発生以前から直感は始動している。胎児ですら世界と向き合って何ものかを受け止めている。言葉の発生の可能性はこのことの内にすでにある。少なくとも身体としての直感は働いていて何ものかを世界から受け取っている。心理学はそのような働きを感覚と呼ぶ。それが発展すれば知覚と呼ぶ。この後者は直感との重なりが大きい。

直感は身体の働きを含むにしても感覚と同じではない。感覚もまた直感の内に含まれている。人間に限らず動物においてもはっきりしている。たとえば猫の動きを感覚のみで説明はできない。運動機能がそこに含まれているが、これは感覚の働きではない。身体のみの働きでもない。ピアジェはこのことを感覚運動と呼び、言語発生の準備と捉えた。だが、ここにはそれ以上のものが含まれている。このようなひとまとまりでひとつづきのものが直感である。猫においてそうであるように胎児や乳幼児においてもそうである。

乳幼児はこのひとまとまりでひとつづきのものを通して世界から何ものかを受け取っている。このことを認めないで行われる乳幼児の言葉の発生についての説明は観察者の自己が乳幼児の自己における言葉の発生を事後的に説明することで終わる。ここでは観察者と被観察者の二つの自己が対立していて、そこにある知としての通路は閉ざされている。その説明は「言葉」の本質を見誤るだけではなく、人間固有の「直感の働き」を要素自己（以後、直感の要素としての自己を明確にする際はこの言葉を用いる）の方向へと極端に偏らせる。その責は大きい。そこでの言明は単なる学問的説明の枠内に留まるものではなく、人間の本質的根源の説明となるからである。

第二節　学童の直感

小学生の直感のありようは多様であり、その変化の過程は重要である。乳幼児期を通じて身体と一つであった心が独自の発展の可能性を秘めつつ変化し始める。直感においても同じである。乳幼児期における純粋直感と身体の蜜月のあと、学童期に入って身体の発達と絡むようにして心が発達し、その過程で直感もまた独自の変化を始める。直感との関連で発達する要素自己が純粋直感つまり非自己（要素自己でないものをとりあえずそう呼んでおく。これを要素非自己と呼ぶこともできる）を含めたものの働きとの関係を調整する。直感はその変化の内で自ら変化する。身体の変化がこの時期の子ども達の目立った特徴だが、見えないところでも多面的な激変が起こる。だが根源はあくまで根源として残る。学童期の子どもたちの目立った特徴が身体や心の変化であるにしても、それに劣らず特徴的なのは直感における根源の働きである。

根源の作用については本書では空無の働きと呼び変えた。学童期の子ども達の振る舞いや思いは空無の働きと密接である。乳幼児のようにそばにいつも母親やそれに代わる人が寄り添っているわけではない。また、頼れるものが自分の内にあるわけでもない。多かれ少なかれ〈空無〉が寄り添っている。最初は手探りから始まる。元気のよい子であれば、時に無鉄砲になり、探求心を働かせ、興味と好奇心を強める。空無が身体エネルギーを吸収し形や〈有（存在と呼んでもよい）〉が目指される。だが元気のない子であれば事態は逆になる。物事がはっきりせず戸惑いが生まれ、拠り所がなく不安になる。あいまいさの中にとどまり、原初としての胎児が時としてそこに蘇る。

学童期の子どもたちの身体が直感を純粋でないものにするが、そこで働く直感の導き手ははっきりしない。手探るか、戸惑って佇むことも多い。彼らは原則的に学ぶ子どもたちである。家庭や学校が彼らの直感を限るが、そのいずれの場にも根源ははっきりと残ったままである。母体の中で胎児が何ものかを受け止めつづけていた姿勢が引き続き彼らの根本にある。彼らの積極性はいつでも胎児の受容性に退く可能性を秘めている。

学童期は学びの基礎段階であるが、身体と心の急成長と重なり、なかんずく言葉の発達も著しい。言葉は単に学びと切り離せないだけでなく、根源と密接につながっている。ひとまとまりでひとつながりになっている直感のありようの内で学びの典型的な二つの方法が生まれる。根源が前面に出るような直感のありようでは、子どもは〈空無〉にさらされる。頼りとするものは〈空無〉となる。ここでの学びは真似ることではない。手探ることである。だが他方で、子どもは言葉を自らのものとしてもつ。単に真似る言葉としてでなく、自らの言葉をもち始める。言葉を頼りとする学びの方法を自らのものとする。運動面の学びであれば身体が前面に出るが、これは言葉と組むバリエーションである。

直感の要素としての根源は〈無〉と密接であり、あいまいさに特徴的である。他方、同じ直感の要素である自己は〈有〉と密接であり、明確さになじむ。前者は文科系の学びに特徴的であり、後者は理科系の学びに特徴的である。学童期には学びを中心にしてこの二つの異種の芽が生まれて育つ。

人間の日常生活の特徴とは日常という言葉が示すように明るさと確かさにある。もちろん日常生活はそれだけで成り立つわけではないが、明るさと確かさが欠ければ日常性は崩れる。人間の日常生活が要素自己を主軸とする直感と密接であるというのはこのような意味においてである。この明るさと確かさはそのまま理科系の学びのありようとつながっている。とりわけ現代文明においてはこの特徴は先鋭化していて、その方向への偏りが現代の人間社会のさまざまな領域に黄信号あるいは赤信号を点している。現代人の日常生活は黄信号あるいは赤信号を伴わずしては成り立たない状況にある。

知ることは学びと重なっているが、知の働きは学びより普遍化する働きである。学ぶことは人間の文化と密接であるが、知ることは狭く文化に限られず、学びの基礎であると同時に学びの目的でもある。知ることにおいても前述の小学生の学びの方法の二分化の特徴がうかがえる。それはそのまま西欧哲学や現象学の方法にも重なっていて、直感そのものが主題となる。胎児に端を発する〈世界との向き合い〉の仕方が発達し、その後の「知る方法」に吸収されている。「身体で知る」「手探りで覚える」、「体験を通して知る」といったことである。そのいずれにおいても直感が重要な働きをしており、直感的方法と呼べる。その本質は根源と密接であることにある。文科系の学びの特徴としてすでに挙げたことはこのことに通ずるものである。

知ることにおけるもう一つの特徴的な方法は言葉の使用と密接である。言葉は心との関連で根源とつながっていて、直感との関連も深い。小学生の言葉の学びの進展は言葉と要素自己との相乗的な結びつきを促進する。知ることがこの方向で進められ、知が言葉の内に蓄積され、それは知識と呼ばれる。知識は単に蓄積されるだけではなく、後続の知る働きを助ける。そればかりか知る働きとしての思考もまた言葉によって促進される。このような方法の本質は要素自己と密接であることにある。直感的方法と区分し、分析的方法と呼ぶことができる。これはどちらかと言えば理科系の学びの特徴として挙げたことに通じている。

これらの説明は知ることとの文脈で述べたもので、それがそのまま学びの文脈に重なるものではない。だがそれらが互いに補完し合っていることは自明である。学ぶことや知ることはややもすると尖鋭化しやすいが、人間の日常生活において求められるのはバランスの取れた直感である。このことは青年期や成人期において社会との関連でいっそうはっきりしたものとなる。

第三節　青年の直感

中学入学時前後がおおむね青年期の始まりとされるが、この時期もまた子どもたちにとっては激動の時期である。直感との関連で述べれば、それまであいまいであった自己がはっきりしたありようを示す時期と重なっている。自己の二要素である身体と言葉はこの時期極めて特徴的な発達的変化を示す。服装や髪型や化粧による変化がそれに加わる。その点は男子よりも女子において目立つ。これらは身体の見掛け上の変化だが、身体の内部でもこれに劣らない変化がある。多くは性機能の昂進に伴うものである。この方の変化には当事者である子どもたち自身が戸惑いをもって向き合う。

自我の目覚めは直感が要素自己の存在をはっきりと認知することにほかならず、主体の働きに本質的な変化をもたらす。主導する自己のありようが可能となり、次第にそれは現実のものとなっていく。そればかりか自己の確立の要請が当人の内外から迫ってくる。自我の目覚めが単に身体やその機能にとどまらず言葉との関連でさらに強化されれば、その意味はいっそう倍加する。言葉には心が寄り添うが、目覚めた自己がそこにはっきりと介入する。この自己は単なる言葉の代表としてあるのではなく、心を主導する可能性をもつ。

青年期の初めに起こるこれらのことは、個人の生活史にとっても重大である。その特殊性のことを心理学は思春期と呼ぶ。直感主体が自己主体と向き合う事態が生ずる。一人の青年の危機とは一つの心の危機のことだが、それはとりもなおさず直感の危機に通じている。すでに見てきたように自己としての出発は胎児の身体のありようの内に刻印されている。〈受け止めること〉としての世界との向き合いもそこで始まっている。このような根源的なありようは青年期の心身両面での激変に出会っても本来変わらないはずである。根源を切り捨てない限りそうである。

根源はいつでも没する可能性をもつが、青年期においてはその可能性が高まる。日常生活を主導する自己が生まれて育つ。だが、主導する自己にもまた悩みはあり、新たに見えてきた世界の内での主導には多大の困難が伴う。青年期の子どもたちは直感のもつ〈あいまいな主体〉と目覚めた自己のもつ〈不全な主体〉の間で揺れる。思春期の危機とは青年の自立への途上での揺れのことだが、それはまた心や直感のバランスの危機でもある。人類共通の本質的な課題がそこにおいて尖鋭化する。

青年期の始まりを刻印する自我の目覚めは直感の第三の要素である超越を浮上させる。超越に向けて言葉の働きが独特な変化を遂げる。言葉は根源領域において心が形を求める仕方で生まれて育つ。空無と自己の二つの働きが補完して言葉が生まれている。その都度、要素自己が根源領域を分節する。この分節は単なる分節ではなく働きとしての分節である。働きは二重化し互いに補完する。片方で直感の主体が働き、もう片方で自己の主体が働く。この働きは胎児の身体の内に端を発していたものの進み行きの内にある。身体としての原初自己が心と重なるありようの内にこの二重化の原初はある。直感主体が自らの内に身体と言葉を認知することは特別なことである。胎児から育ってきた自己が直感として自らを認知することである。認知する自己が直感としてあり、認知される自己が直感の要素自己としてある。認知された要素自己は多かれ少なかれ根源を離れている。心が求めた形としての要素自己のありようである。この要素自己は形として超越しうる。心が心によって超越される。それが心との関連で起こる限り言葉が主役である。言葉が言葉によって超越される。心が求める形としての言葉が自立する。これが青年期に特徴的に見られる超越のありようである。

青年期の直感はこのような言葉の要素としての論理と向き合う。あいまいであったものの内に確かさが言葉として介入する。また同じ直感は言葉の要素としての非論理とも向き合う。あいまいなもの内に不確かな言葉が介入する。

この二種の言葉のありようは単純に心が求めた形としての言葉とは違う。直感は言葉の代表としての自己を認知する。要素自己と言葉は密接である。言葉は要素自己と共に生まれている。

学童期の学びの方法の二区分が青年期における言葉の本質的な働きの内にも現れている。理科系の学びに使用される言葉は論理の方向に超越する。文科系のそれは非論理の方向に超越する。前者の典型は科学論文の言葉であり、後者の典型は純粋詩の言葉である。理科系の学びには言葉とは別に数字が言葉の変形として付け加わる。数字は論理の特殊な言葉である。この言葉にはもはや心はない。運動としての身体に心が希薄であるのと似ている。

「言葉が生まれる」という言い方では言葉に主体がある。正確に言えば、心に主体がある。つまり直感に主体がある。「心が形を求める」という言い方はこのことを意味している。根源においては言葉はいつもそのようにして生まれる。だが、その後自己の発達とともに事態が変化する。なるほど、そこでも心が形を取るありようが続くにしても、そこでの形は自己に向けてのものであり、さらに発展すれば他者に向けてのものとなる。自己や他者に向けて自らを明確にするために心は形を求める。これは単なる形を求めることではない。形は他者に心を伝えるためのものとなる。コミュニケーションとしての言葉が発展していく。これは記号としての言葉である。こうして自己の主体が強まる。この変化は先行の発達段階から徐々に始まるが、当人にとって自覚的になるのは青年期の特徴である。

このような事態は直感にとっても特徴的な転機となる。心と言葉が直接的に結ばれている状態から、他者との関係によって間接的に結ばれる状態へと移行する。言葉が心から自立する。言葉は記号となる。すでに述べた自己主体と直感主体との対立関係とはこのことを述べている。自己主体が前面に出ることが多くなる。言葉が自己と他者との間で交わされることからすれば当然の帰結である。このような状況の内に心が薄まり、直感が薄まる。直感に関して言えば、純粋直感が薄まり、普通の直感がその程度を増していく。

これらのことに社会的要因が加われば事態はさらに変化する。家族関係、友人関係などがこの状況を強化する。文化要因が加われば言葉は正に記号となる。だが、そこで心がなくなってしまうわけではない。どのような場にあっても心は言葉の背後に潜みつづける。根源が切り捨てられない限りそうである。直感が働いている限りそうである。直感自身が普通の直感となって社会化する。

青年にとってこれらの変化は怒涛《どとう》ともなりうる。挫折することもありうる。単純に直感を捨ててしまえばよいというものではない。また逆に純粋直感を頼ればよいというものでもない。普通の直感とはこの両者のバランスのありようのことである。青年においてはこのバランスがほどよく保たれないのが普通である。時にバランスが大きく崩れる。

この時期に自己が中心的に主導し始め、他者はこの自己を認め、社会もこの自己を認める。言葉や記号が規範の働きをし、青年の自己としての生を助ける。自己と他者はその関係性の内に規範としての言葉を含みもつ。自己と社会もその関係性の内に規範を含みもつ。ここでは言葉は規範である。言葉としての規範が守られている限り他者はその自己を認め、社会もそれを認める。だが、心は要素自己のみで成り立つわけではない。没するにせよ浮かぶにせよ、要素自己には根源が寄り添う。エネルギーもまたそこからやってくる。根源なしで生きることもまた不可能である。青年期の苦悩はここから生まれる。逸脱もここから生まれる。心のバランスもこのことによって崩れる。

苦悩する青年にとってはとりわけ根源に端を発している言葉が必要である。直感が必要である。直感のバランスの崩れを正すのは当人自身によっても可能だが、他者の援助によっても可能である。心理治療はこの後者の例である。そこで使われる言葉は多かれ少なかれ根源に端を発していることが必要である。

苦悩する青年は要素自己と根源の交錯する迷い道にいる。自らの内に根源の言葉を見いだすことは難しい。どの言葉が根源に端を発する言葉なのかは見いだし難い。言葉はむしろ外との関係であたかも波のように彼の根源に寄せてくる。この内なる波乗りにうまく適応し、迷い道からの脱出に成功する若者も多い。もともと迷い道に出会わない幸運な若者もいる。要素自己がうまく舵を取る。青年の多くはその道を通って成長していく。その代償として根源が没する。要素自己には根源の存在は自覚できない。フロイトはこのような現象を抑圧による防衛機制と呼んだ。

他方、あえて困難な道に向けて歩み出す青年もいる。あるいはそこに迷い込む宿命を生きる青年もいる。これは青年期の一大危機である。その挫折が死を意味しかねない。だが、その克服は根源と要素自己の両者の視野を可能にすることの恩恵に浴する。偉人や天才が生まれるのもこの過程を通してである。根源や要素自己ばかりか、超越も目指される。

自己と根源の間の迷い道にあって超越を目指すのも青年期の特徴である。ある者は宗教へ、ある者は学の論理へ、またある者は芸術へ。その挫折事例も多い。宗教の挫折事例としてオウム真理教教団の若者たちがいる。学の挫折事例としては学から離脱する無数の学生たちがいる。芸術の挫折事例としては、文学や絵画や音楽を極める過程で社会不適応に陥る若者たちがいる。そのいずれもが多かれ少なかれ要素自己と根源の間の迷い道を歩く。

これらの特徴を典型的に示している具体例として三島由紀夫の特異性に迫るものはない。この事例の自己のありようは極めて特異である。極めて早熟した自己だが、それゆえ偏りも際立っている。学童期から文学になじんで童話や詩や小説を書き、中学・高校時には作家として認められるに足る作品を次々と発表している。作家としてのその早熟な自己は要素自己には違いないが、この自己は根源と密接していて人間のもつ表裏を熟知している。要素自己と根源の間を自在に行き来する。ある時は要素自己が主導し、またある時は空無主体が主導する。そればかりか超越の言葉が論理として、また非論理として豊かに生まれている。純粋直感そのものが要素自己と一体となって働いている。この問題についてはまた後に述べる。

第四節　成人の直感

人間社会は主として成人によって動かされている。どの時代、どの国、どの地域をとってみてもこのことに変わりはない。知の最先端を行く西欧哲学のありようでさえこのことを示している。

古代ギリシャ以来延々と進化を遂げてきた西欧文明を支えているのは西欧哲学である。西欧に限らず全世界が今では現代科学によって動いている、あるいは動かされている。科学そのものには主体はない。そこに主体があるとすれば数学である。数字であり、図形であり、学的言語である。それらはいずれも要素自己と密接だが、要素自己は数学になることによって超越している。ここに超越主体が生まれている。数学という超越である。超越主体は強力である。しかし、数学は数学自身で自立しているのではない。そこに哲学が働いていなければ人間にとっての数学は無意味となる。

哲学の真理もまた成人によってもたらされる。カントやハイデッガー等の成人の知によって。哲学者とはいつの時代でも、またどの国、どの地域でも成人である。哲学の思惟に耽《ふけ》るとき彼らは根源直感（身体と共にある純粋直感、胎児に始まると想定される直感。以下同様）に戻るが、それは成人として一般化された根源直感である。純粋直感の概念からは彼らの胎児のありよう、つまり身体のありようは不純として排除される。最先端の哲学者の根源直感もまた彼ら哲学者の胎児の内にある。生きて発達してきた根源直感を一般化して純粋直感を成り立たせてみたところで、それは生きて働くものとしては存在しない。一人の成人の根源直感はその生と共に発達を遂げてきている。成人がその日常生活で普通の直感を働かせていると言う場合、そこにもまた心の発達としての根源直感が働いている。胎児が母体の中で世界と向き合っていたありようの延長として。根源が切れていない限り、心が働いている限り、そうである。

成人期は直感にとってこのような極めて奇妙なありようをとっている。成人期の直感を取り上げるためにはまずこの高いハードルを越えておく必要がある。

成人の世界とはおおむね自己領域によって成り立っている。現代においてはこの特徴はいくら強調してもしすぎることがない。それほどに自己領域は広がり、強固になっている。それが現代文明の危機に直結している。現代文明に浸っている者にはそのことが自覚できないという構図もまたそこに潜んでいる。それゆえ危機以上の危機がそこに孕まれている。前述したように現代文明は世界の成人によってもたされたものであり、また各国、各地域、各文化を主導している者もまたそれぞれの成人である。しかもそれぞれの文化、文明を主導してきている成人たちはその自己領域への固執からそれぞれの現状を固定化し、継続化する。何らかの危機を感じて各国、各地域、各社会の成人が他の意見を求める場合でも、特化された成人の意見を求めている。そこにもまた別の姿の自己領域への固執が普遍化している。国や社会自体がそのようにして固定化している。

自己領域とは個人としての自己のことを言うのではない。要素自己のことである。これは単なるエゴイズムのことを言っているのではない。そこにエゴイズムがあるとすれば自己領域を守るエゴイズムのことである。この自己が要素自己であるとすれば、それへの偏り、あるいはその全体化が社会の進み行きにとっていかに危険であるかは自明である。他の要素が脱落してしまう。単に脱落するだけならばまだよい。自己が自己自身の危機を自覚できる望みがある。しかしそこで起こっているのは真の意味での脱落ではない。自己は元々自己自身のみで生きることはできず、いつでも他の要素が陰からその生を支えている。現代のこの時期においてもなおそうである。しかし自己はそのことをはっきり自覚できないままに自己領域を拡大し、固定化しつづける。これは一種のスパイラルである。

要素自己とは他者と組む自己である。独りではない。複数の自己である。集団としての自己である。これを成り立たせるのは自己の一要素としての言葉である。要素自己の言葉は心から自立し、他者とのコミュニケーションとしての記号となり、そこからやがて根源が脱落し、根源直感が脱落し、心も脱落する。それが要素自己の進み行く方向である。こうして成人の主導する社会が成り立ち、ますますその方向へ進みつづけている。すでに黄信号なり赤信号なりが点されているが、「皆で渡れば怖くない」という原理がその信号を無視させる。なるほど危機が明確になるまではたいした混乱は起きない。秩序が先行する。それが自己領域での話で済む限りそうである。この自己領域が全体であると錯覚されている限りそうである。

そうは言っても事態はそれほど単純ではない。心は胎児から始まり、乳幼児期、学童期、青年期を経て成人期に達する。これはけっして退行の進み行きではない。心は発達する。胎児から延々と育ってきた自己が社会的自己となる。この進み行きに何ら誤りはない。それでは今現代に浮上してきている誤りとはいったい何か。このことが成人期との関連で、しかも直感を主題にして問われなければならない。心の発達を逆転させるようなことがあってはならない。子どもは子どもであり、青年は青年である。

自己は社会的自己に限られるものではない。この種の自己を心理学は向社会的自己と呼ぶ。向社会的自己でない他の自己が別にある。社会と対立する方向で作り上げられた自己である。これを反社会的自己と呼ぶ。また社会とうまく折り合えないありようをする自己がある。これを非社会的自己と呼ぶ。この後者の二種の自己は発達途上にある。青年期に見てきた自己に特徴的である。

心理学の前記の知見については注視が必要である。一つには、ここで言う自己は要素自己とはされていないことである。自己形成、自己確立が絶対的な指標となっている。心理学は主として心理一般を扱い、原則的に自己領域の心理を研究対象とする。そうでない場合には幼児心理学、発達心理学、異常心理学、犯罪心理学等々、領域を特定化する。つまり心理一般からのずれを主題化する。基準は依然として自己のことである。前述の社会との関連で三種の自己が特定化されているのも同じである。

反社会的自己や非社会的自己をもって成人となる人も少なからずいる。前者の典型は革命的政治家や職業的犯罪者である。後者の典型は芸術家である。青年のことであれば、前者の典型は非行少年であり、後者の典型は引きこもる子どもたちである。こうしたことで厄介なのはこれらの人びとがいずれも多かれ少なかれの要素自己を抱えていることである。現代社会はどのような個人に対しても自己領域を用意して待ち受ける。社会に刃向かう者も社会との折り合いのつかない者も何らかの自己を組み立てることが求められる。いつの世にあってもそのことに変わりはないが、自己領域が社会を占有することになっている現代では、反社会的自己と非社会的自己は尖鋭化する。犯罪は深刻なものとなり、自殺行為も増える。

自己とは一筋縄でいくものではない。それは元々要素にすぎないのだから当然である。どのようなありようの自己であれ言葉と行動を通して社会と関係する。自己は社会と不即不離の関係にある。成人の自己であればなおさらである。

自己は前述したとおりすべてが向社会的なものとは限らない。社会との関係の結び方も多様である。そこに自己がある限りこのことに変わりはない。わが国の現代社会の抱える問題はこうしたことと密接である。一つには、繰り返し述べてきたとおり自己が非自己を、つまり根源を圧していることである。これは直感を、心を圧していることと同義である。本節の冒頭で数学の超越主体が自己領域と手を結ぶ構図が見えてきたのも偶然ではない。いま一つの問題は、逆に非自己主体を抱えて揺れ動く人びとのありようである。彼らは現代社会の自己領域的状況の強まる社会にあってもなお直感主体を捨てずにいる。心理学は自己確立の遅れを指摘する。だが、彼らにしてみれば非自己主体が自己主体を阻むありようがある。そこに何がしかの根源が心として、直感として働いている。自己を阻む自己、つまり非自己が現れ出てきている。彼らにおける悩みとは自己と非自己との間の対立、葛藤である。本来補完であるべきこの二つの要素が対立、葛藤の状態を招いている。それぞれが要素として働いていない。まずもって自己が要素自己として受け入れられていない。現代社会自身がそのような自己のありようを見失っている。自己が要素自己に格下げされた時、初めて非自己は要素自己を補完する。さもなければ自己は向社会的でない方向に歪み、その歪んだ自己が社会と関係を結ぶ。彼らもまた彼らなりの成人を目指して心を発達させてきた一つの帰結である。そこでも彼らの根源直感は胎児のそれの延長として働き、彼らの生を支えている。

非自己と自己との間に起こる対立、葛藤については、さらに別の問題があって事態をいっそう複雑にしている。既述のとおり本来心や直感にとっては補完的に働くはずのものが自己であり非自己であるが、成人とはこれら二つのものの対立、葛藤から脱出することにあるとも言える。その一つの方法は、非自己なり直感主体なりを自己なり自己主体なりに一本化することである。多くの成人たち、あるいは普通の成人たちがみなこの方法を採っている。意識的にそうしているのではない。自己神話を信じてそうしている。それは実際神話にすぎず、自己が自己のみで生きていると思うことは幻想である。他の重要な要素がその生の活動に陰から参画している。それが非自己である。自己以外の要素と言えば非自己と呼ぶのが一番適切である。

このように自己主体に一本化する幻想なり神話なりが現代社会に蔓延し、現代の多くの諸問題はこのことから発生している。事態が複雑なのは、そのような現代社会に異を唱える人あるいは違和感を抱く人もまた彼らなりの自己神話、自己幻想を作り上げることである。そのことによって彼らもまた現代社会の枠組み、幻想、神話に巻き込まれる。そのことにうまく成功しなければ矛盾の帰結として死によって清算するよりない。

問題の核心は単に前記のことにあるのではない。このような事態を直感の立場から熟視することが必要である。あくまでも直感や心が問題となっている。成人のほとんどは「このこと」に気付くことがない。重要な問題とは正に「このこと」である。気付いて悩むのは青年であり、子どもたちである。そうでなければ青年の心、子どもの心をもって成人になった稀な人びとである。彼らはいずれも自己が確立できていないがゆえに苦しみ、悩む。彼らは社会そのものについて苦しみ、悩むのではない。胎児以来自らのものでありつづけてきた自らの心や直感について苦しみ、悩む。つまり根源について苦しみ、悩む。彼らはその場所から成人たちの社会を見ている。

大切なことは、彼ら苦しみ悩む青年や子どもたちには根源も、そして成人たちの作る自己領域も漠然と捉えられていることである。成人たちが自己領域を多かれ少なかれはっきりと捉え、その代償として根源を捨てていることとの対比がそこにある。成人たちには根源が見えなくなっているが、青年や子どもたちは根源に悩んでいる。もし運よくそこを突破できれば、彼らは根源の方から成人たちの自己領域を見通すことも可能となる。だがそれは至難なことである。それは現代の大半の成人たちを超える場所に出ることを意味している。「誰にもわからない未知の成人になる」という命題があるとすれば、それはこのことを意味する。

第五節　老人の直感

普通の直感は老人において最終段階へ向けて変化する。原初段階としての乳幼児期の直感がその身体性との関連で特異であるのと対極を成している。乳幼児期では身体性と一つになった直感のありようが成長後その記憶を埋没させる。言葉の機能の未発達がこの事態をもたらしている。その場合の直感は根源直感特有のありようを示している。他方、老人においては直感に関して何が起こるのか、このことが問われる。

老人は成人期の延長線にあり、時代の進展と共に先進諸国での寿命の伸びは著しい。成人と老人の境界年齢は急速に引き上げられている。だが、そうは言っても老人は老人である。不慮の死を除けば自らの死期に最も近くにいる人びとである。また成人期の余韻の残し方は個人差があって多様である。前節で述べた成人期の特徴である自己領域の固定性を引き続き継続する人もあれば、この時期に軽減する人もいる。このことは仕事を中心とした社会的役割の持ち方によって差異が生じる。わが国では超高齢化社会への構造的変化が進行中であり、老人のもつ社会的役割も変化している。直感のありようもそれによって変化することは必定だが、直感のもつ普遍性もまた確かである。

老人は同時代人たちと共通の時代の根源を最も遠くから（加齢の高さ）、しかも遠くまで（生きた時代の古さ）見通せる立場にある。だが自らの直感の根源ということであればそこから最も遠くまで来てしまった人びとでもある。乳幼児が心の根源を身体の内に同化してしまっているのとは違って、老人は心身ともども根源から離れ、同時に心と身体が相互に離れる傾向にもある。成人としての社会的立場の主動的体験がそれを強化している。身体の活力は弱まり、心は自己領域の固定化を持て余す。

老人期においても根源直感は働いている。身体の衰えは老人共通のものだが、心のこととなれば必ずしもそうではない。身体を離れる根源直感のありようは老人が人間として初めて踏み出す境涯《きょうがい》である。老人はそこで改めて世界と向き合う。この仕方は多様である。根源直感が身体を離れる傾向にあると言っても、その生が続く限り身体はやはり心を特徴づける。一つには身体の老いとしてだが、心が主題化されれば頭脳や感覚器官の機能低下が決定的となる。老人期の直感はこのこととの関連でも特殊化する。

他方、老人の直感のありようの特徴として総合の働きが極みに達する可能性がある。長く広く生き得た人の特権である。また自らの死に接近することによって直感のありようが死との関連で克明にされる可能性もある。ユングは個人の生のもつ意味を個性化という概念で括ったが、胎児において始まった世界との向き合いとしての根源直感の辿る道こそ個性化の過程である。根源直感に要素自己が加わって学童期、青年期、成人期の各発達段階でそれぞれ特徴的な変化を遂げ、ある種運命的にそれぞれの終末に達する。個人にとって意味あるものが直感として生き残る。

普通の直感における〈普通〉の程度差は要素自己との関連で決まる。前節で見たとおり現代社会を生きるために必要なのは要素自己である。言葉の働きがその命綱になる。言葉は原初のものから社会的言語としての記号へと発達する。記号を駆使するエネルギーは根源としての身体から生まれている。話し手、書き手固有の仕方があって時に言葉は根源に戻って吟味される。言葉が自動化することもある。言葉が降って湧いてくることもある。また言葉の発現には必ず根源としての身体が寄り添う。口であれ、舌であれ、手であれ、指であれ根源としての身体は言葉の発現を支える。そこで働いているのは紛れもなく普通の直感である。主導しているのは自己主体であるにしても、この複雑な働きは自己の働きのみで成り立つものではない。

老人の直感もまたこのようなありように変わりはないが、心と身体の関係の変化に伴いさまざまな制約が加わる。また、老人にとっての普通の直感の普通という意味には、個としての集大成の意味があるが、同時にその高みと広さに見合った総合の意味が加わる。胎児は母体の中で生物の進化の跡を辿り、その間母体の鼓動が時間を刻み、母体の闇が空間を開く。胎児は胎児としての最終段階で限りなく乳児に近づき、誕生後根源直感がこの世で働くための準備を整える。人間としての根源直感はその後個人の各発達段階の普通の直感を支え続ける。老人期とはその最終段階である。

社会的な役割からの解放は、老人の直感から要素自己の働きを多かれ少なかれ希薄化する。要素自己を構成するのは言葉と身体だが、後者については既述したような身体の老いに明らかである。前者の方の言葉については何が起こるか。乳幼児期の原初段階に心を形にする衝動から始まった言葉は、その後心を伝える記号媒体として発展し、老人期に至る。老人は社会の前面から退くことで未知の境涯に至り、改めて世界と向き合う。そこから要素自己の働きが希薄になるにしても乳幼児の段階に退行していくわけでもない。要素自己の固定性はなお強力である。だが、氷の融解のようなことが要素自己に起こりうる。固さがゆるんでいく。そのゆるみの内に根源領域が前面に出てくることもありうる。

要素自己の融解に伴うゆるみは超越領域にも何らかの変化を促す。超越とは、一つには言葉の固定化（自己領域共々の）であり、いま一つには言葉の飛躍（自己領域からの）であった。老人の直感においてこのような方向での特徴的な変化がありうる。一つには、頑固さとして言葉の固定性を尖鋭にすること。もう一つには、自己領域から解放されて言葉が身軽になること。このような両極端の特徴がその個人の人となりに応じて顕著になる。その場合、超越が自己領域の遺物として特徴化するか、それともそれからの解放として特徴化するか、二つのありようが想定される。前者はネガティブな要素をもち、後者はポジティブな要素をもつ。だがそれも程度問題であってバランスこそが重要で、直感は引き続きバランスをとるものとして生きている。

また要素自己の融解によって純粋直感が身近になりうる。存在ばかりではなく無が、また生ばかりでなく死が身近になり、あたかも自らの人生の振り返りの反射のように前方に残り少なくなった将来が死として、無として展望される。そのありようは不安定であり、それを軽減するには引き続き要素自己の支えが必要である。

老人は社会的共通基盤からそれぞれのありようで離れていき、それに伴い直感のありようもさまざまになる。最終的には死への臨み方のさまざまな差異がそれを決定的にする。だがそのような多様性にもかかわらず共通して流れているのは、自己領域が純粋直感に向けて吸収されていく仕方である。自己領域の幕引きはそれぞれの個人の直感の多様さを演出し、その人らしさは最後まで消えずに残る。そして純粋直感に吸収されていく。根源直感さえもがそこへ吸収されていく。それが人間の原初である胎児のありようの対極にある直感のありようである。おそらくその極みで純粋直感は初めて実体のあるものとなっている。哲学者や現象学者が純粋直感を取り上げその働きについて云々し、あたかもそれが実体のあるもののように言明する時、その根拠は老人において最終的に訪れてくることがありうる直感を先取りすることの内にある。それはもはや非自己による直感ではなく、自己と非自己を超えたところにある直感のありようである。レヴィナスはこのようなありようの世界を隔時的世界と呼び、生きた人間が生きたままそこへ踏み込むことがありうるとすれば、「存在するとは別の仕方」の生き方が想定されることになる。今のところその領域は人間にとって未知の世界としてある。日本語で魂と呼ばれるものの住む世界はこの領域のことである。この領域との親和性は日本文化の底流に流れつづけている。

老人における〈ぼけ〉の問題は前記のような文脈の内においてみれば、単なる個人史のエピソードではない。胎児において母体の鼓動の刻みとして始まった〈時間〉の最後の収拾するありようが〈ぼけ〉として現象化している。時間の収拾は空間の収拾を招き寄せる。その時直感は自らの役割を終え、根源・超越の奥にある主体にすべてを明け渡す。そのありようが魂と呼ばれるもののありようであるかどうかは不明である。老人にとって〈ぼけ〉は一大イベントとしての展開でありうるが、同時にそれは神聖な幕引きであり、幕開けでもありうる。

第五章　人類の心の進歩と退歩

第一節　動物にも直感はある

本書では最初に直感を普通の直感と純粋直感の二つに分けた。直感概念はほぼ心概念と重なるが、細かく見ればその差異もはっきりしている。心概念についてはさておき直感概念のもつあいまいさを払拭するためにこの二分化が実体のありように沿って進められた。その手助けになったのは西欧哲学、とりわけカント哲学が純粋直感を主題化して論じていることであった。これは後にハイデッガーによってさらに明確にされた。だが、それは無理解や誤解を伴わずには済まない難解さをもち、実際現在でもその状態は続いている。二十世紀初頭現象学が新たな学問として成立したが、一世紀を経た現在もこの学問の他学問への影響が必ずしも顕著でないことにこのあたりの事情が窺える。その後、哲学が自身袋小路に入り、本来他の学問の土台となるはずの使命が失われる傾向も窺える。

普通の直感と純粋直感の二分は元々問題含みの試みだが、その問題を無視して本論はここまで展開してきた。ハイデッガーは古代ギリシャ以来の哲学を総括し、その上でカントの『純粋理性批判』を素材に形而上学の再検討をし、フッサールの創始した現象学の根拠づけを進めた。だが、それもまた現象学の進み行きと同じ運命に従い無理解と誤解の内に没して現在に至っている。それが現代文明の袋小路を招来していると言えなくもない。その原因は現象学や西欧哲学の方にもあって、その一つが普通の直感と純粋直感の二分化の問題であり、普通の直感概念についてはこれまで学問的には手つかずになっている。現象学は純粋直感の本質を捉えたが、普通の直感のありようを捉え損なっていると直感論の立場からは言える。だが、直感概念を普通の直感と純粋直感に二分化すれば事態ははっきりするというものでもない。純粋直感そのものがはっきりしていない。これは普通の直感がはっきりしていないことの表裏である。二つで対となって直感概念を支えるとすれば、その片方だけを取り上げて明らかにしても、それによって浮かび上がってくるのは実体のはっきりしない単なる概念である。すべての問題はこのことの内から派生している。

今こうした文脈の内に動物の直感が主題化されているのは大変意味深い。純粋直感はカント哲学においてはっきりと主題化されたが、カントという固有名詞がこの概念の運命を規定し、それに加えてハイデッガーという固有名詞がさらにその運命を規定した。純粋直感概念を明らかにしたのは西欧哲学を主導することとなった先端的哲学者カントとハイデッガーだが、彼らは当然のことながら成人である。この二人が純粋直感に光を当てた時、そこからは彼らの原初としての胎児が欠落している。つまり身体と同化した原初の直感のありようが欠落している。カントからフッサールおよびハイデッガーに引き継がれた純粋直感は共にそれぞれの胎児の直感の欠落したものである。そうであればこその直感は純粋直感と呼ばれた。だが、そのように呼ばれた限りにおいて純粋直感の実体は失われた。その後文字どおり純粋直感としてこの概念は自らの運命に従い、生き残った。この直感概念は普通の直感から切り離されたものである。実際その後の各学問はこのことに従って純粋直感を現実世界の実体的ありようから切り離し、同時に実証未済のものとして退けた。そして現代の学の世界がある。カント哲学はカント哲学の内にとどまり、現象学は現象学の内にとどまっている。その中身を変えることなしには直感理論を前進させることは困難になっている。

胎児にある直感は純粋直感ではない。それはまた普通の直感でもない。この二区分の内には含まれない直感である。

この方の直感には名前が与えられていない。本書では定義づけもしないままにすでに名前を与えてきた。論述の必然からその概念は実体共々現れた。根源直感である。根源直感は純粋直感のありように似ているが、純粋直感と呼ばれるには不純である。根源直感は身体に溶け込んでいる。したがってこの直感は普通の直感に重なる。だがこの直感は要素自己と補完し合うありようのものではない。常に根源である。直感の根である。身体共々そうである。動物においては直感は常にそのようなありようをしている。動物の直感についてはこのような前置きがあって初めて述べることが可能になる。根源直感は動物、人間を通して普遍化している。しかしそれは純粋直感が普遍化するのとは違っているし、普通の直感が人間の内に普遍化することとももちろん違っている。このことの意味が本節で問われる。

動物の直感について考える場合、身体抜きにしては考えられない。だが、その前に動物にも直感があるというのは本当かという問いをクリアしておく必要がある。だが、このことはすでに胎児の直感のことを主題化していることで解決している。胎児は母体の中で母体の鼓動が時間を刻み、母体の闇が空間を開くという命題の内に、人間に最も近い類人猿との共通性が確認される。このことに本質的な差異が認められない。胎児が母体の中で進化の過程を変遷するという事実を加えれば、事態はもっとはっきりする。だが、これはあくまでも身体のことである。とは言っても、この場合の身体は単なる身体のことではない。実際胎児の発達の果てには乳児としての新たな出発段階が待ち構えていて、出産時には産声が発せられる。産声は直感のありかを証している。母体の中で世界と向き合っていたことの延長の果てにこの産声はある。そしてこの産声は胎児を通して類人猿とのつながりを証す。胎児の母体内での進化過程の再現はそのことを証している。

直感が身体と溶け込んでいるという命題が胎児と類人猿をつなぐ懸け橋である。同じ命題が胎児と乳児をつないでいることは直感のありかを改めて証す。直感が身体に溶け込むという命題の意味が改めて問われる。直感は自らを新たな視点で捉える場に立つ。それが動物の直感を問うことでもある。

人間の直感はもはや胎児の向こうの世界に進むことはできない。その道は胎児の演じる進化の再現の世界に没している。もはやそこに心の道筋は描けない。世界と向き合う心のありかをそこに問うことはできない。だが、そこに身体はある。とすれば心にとって身体とは何かという問いかけは可能である。直感が身体に溶け込んであるという命題はこの問いのバリエーションである。心は身体のどこにあるか。問いはさらにこのような身近な問いに変わる。心は脳にある、心は心臓にある、心は目にある。これに他の神経と他の感覚を加えれば、ほぼ主要な解は得たことになる。そのどれもが多かれ少なかれ動物と共有されている。直感はそれらと関係して働いていると捉えられる。動物において直感が働いているかどうかは別にしても、この視点は人間の直感を問う新たな視点である。

直感は人間の脳、人間の心臓、人間の目、人間のその他の神経、人間のその他の感覚とどのような関係にあるのか。これが新たな問いである。これらのことについては直感を主題化しないにしても脳科学が多くの知見をもたらしている。だが、それらはあくまでも分節された知見である。心そのものが捉えられているわけではない。普通の直感と純粋直感の別が明らかにされているわけではない。根源直感が明らかにされているわけではない。人間の心を問い、人間の心に解を与えられるのは人間の心のみである。人間の直感を問い、人間の直感に解を与えられるのも人間の直感のみである。動物の直感を問うこともこの延長線上にある。人間の心、人間の直感によってこの問いにある程度の解は得られる。実際、人間とペットとの間にはこのようなありようが認められる。ペットでなくとも、たとえば路上で出会った猫との間に人間は猫の直感のありようを自らの直感によって捉えられる。脳科学の知見を各種動物にも応用し、動物の直感を捉えることの手助けにすることもできる。けっして接近不可能な領域であるわけではない。

たとえば、路上で出会った猫がこちらの目にその視線を鋭く向ける一現象だけを取り上げても猫の直感のありかが捉えられる。それは単に視覚を代表とする感覚のみによって成り立つ仕草ではない。互いの視線が出会うためには、単に猫の視覚と私の直感によって成り立つものではない。猫もまた私の目を見ることが可能になっていなければならない。あるいはそこに未知の心のようなものが広がっているのでなければならない。そのように考えるよりは猫にも直感が働いていると考えた方が理にかなっている。このようなことはペットを飼う人間には日常的に起こっていることである。

こうして動物における直感のありかはある程度捉えられる。それでは心に関してはどうか。これが次の問いである。たとえば、人間に最も近い類人猿には心があるか。これは今のところ謎である。直感に関しては、身体を手掛かりにして胎児経由で類人猿への道筋を想定できた。実際、胎児は母体内で身体の進化の過程を復元する過程を体験している。だが、これは身体に限ってのことである。直感の内の身体部分に関係することに限られている。だが、そうだからと言って、身体特有の感覚に限られるものでないことは、路上の猫との出会いにおける視線の交わし合いの内に明らかである。その際人間の方に直感と心があるにしても、猫の方にそれが欠けていればこの視線の出会いは成立しない。感覚のみで対応する猫に人間の目にその視線を合わせることは不可能である。それは猫の直感が可能にしているはずである。そうとすれば、この猫の直感には身体としての感覚にプラスαが加わっている。それは何か。これを根源直感と呼ぶ。これは人間の胎児に、そしてその延長としての人間につながるものである。人間に身体があり直感がある限り、この根源直感がなくなってしまうことは想定できない。

類人猿のみならず猫にも、つまり動物にも根源直感はある。さて、心はどうか。そもそも心とは何か。改まってこの問いが浮上する。そもそも普通の直感とは何であったか。このことも改めて問われる。純粋直感はともあれ、普通の直感には実体があるからこの問いは切実である。普通の直感には根源直感が含まれている。この根源直感は、直感の要素としての根源領域および空無作用とは同じではない。後者の二つの概念は直感の要素としてあり、他の二要素、要素自己、要素超越と関連してある。この三要素は互いに切り離せないありようをして直感、つまり普通の直感を支えている。この普通の直感をさらに明確に概念化すれば、一般直感と呼ぶのがよい。そして、純粋直感は特殊直感と呼ぶのがよい。一般直感とは人間の生活でいつも働いている直感のことである。特殊直感とは、哲学や現象学に典型的に現れる、ある条件下の特殊状況において働く、あるいは想定される直感である。このような一般と特殊の対応は、ハイデッガーがカント哲学の内に明らかにした一般形而上学と特殊形而上学の区分と対応するであろう。直感概念と形而上学がその本質においてつながっていることからそのように想定できる。このことに数学と自然科学を並べてみれば直感に関してさらに広い視界が開ける。数学や自然科学においても直感概念は無縁ではありえない。その一つの証がアインシュタインの相対性理論であり、そこでもまた特殊と一般の区分が生まれていることに窺える。人間固有の直感を数学と自然科学の領域に踏み込ませれば、そこでの事態は一筋縄ではいかない。このことはさらに普遍化し、数学と科学を方法とするすべての科学のありようにも広がる。そこで真と言われているものはけっして絶対的なものではなく、人間の現実生活との関連で一般と特殊の二分化を行うことが求められる。学問内で真とされたものが、現実の人間生活でも真とは言えない。人間が人間である以上はこの二分化を使い分けることが必要となる。

動物の直感の検討過程で浮上した論述展開がこのような根本的な問題提起を迫ってくる。人間が紛れもなく動物の仲間であり、しかも心をもつ動物であることがこのような論旨を招き寄せる。ここにきて直感に関して新たな命題を立てておく必要がある。直感の二分化は普通の直感と純粋直感との間で行われるにとどまらず、一般直感と特殊直感との間でも行われなければならない。この後者の二分化は、その二分化されるもののひとつながりのありよう、つまり異種のものの接合のありようを問うてくる。これは直感にとって本質的な問いである。自己領域と根源領域と超越領域はそれぞれどのように接合して人間生活で現実的な働きとなっているか。自己作用と空無作用と超越作用が一つの主体として働くありようが問われる。これは動物の直感のありようが投げかけてくる問いである。人間に最も近い動物である類人猿の直感にはない直感の働きがそこにある。

第二節　原始人の直感が人類の直感の始まり

前節で動物にも直感があると論じた。だが、この直感は人間の直感とは明らかに違う。その両者が根源直感を含む点では共通だが、人間が一般直感（普通の直感、以下同じ）を主たる直感としていることで決定的に違っている。その最も明らかな証は要素自己の存在である。端的に言って、自己と呼べるようなものが動物には見当らない。要素自己は主として言葉と身体から成るが、身体については動物一般への広がりをもつ。また言葉についてはその定義を信号のようなものにまで広げれば類人猿に限らず他の動物への広がりももつ。原始人は言葉との関連で述べれば、言葉をもたない類人猿と文字をもつ古代人の中間に位置づけられる。この図式は直感に関してはわかりやすい。わが国に当てはめれば、原始人としては石器時代、縄文時代の人間を想定でき、文字をもつ人間のこととなれば時代はずっと下る。話し言葉をもたない人間と文字をもつ人間の中間に話し言葉のみをもつ人間の長い歴史がある。

心とは多かれ少なかれ本来没してある状態を示すが、個人の発達史でみれば乳幼児の心の特徴である。心が没している半面のように身体が前面に出て未学習の言葉の欠落を補っている。胎児から引き継がれてきた根源直感が全面的に働いている。話し言葉を身に付けて間もない原始人もまた根源直感を特徴的にもっていただろうことはこのようなことからも容易に想定できる。だが、話し言葉を身に付けている限りにおいて根源直感は一般直感に含みもたれ、一般直感を成り立たせている。一般直感が働くためには根源と自己と超越の三要素が補完的に働き、それが話すことを可能にするはずだが、そのありようは原始人特有のものである。後続の時代との違いを問うのであれば文字をもたないことが決定的である。

話し言葉と文字との間には本質的な違いがある。心がとる形としての〈話し言葉〉は見えないが、〈文字〉は見える。話し言葉は乳幼児のそれのように没することを特徴とするが、聞く側からしてもそうである。聴覚の内に没する。他方、文字は書かれることによって固定化して残る。見ることを繰り返すことで視覚として再現される。話し言葉にしろ文字にしろ、そのどちらもが言葉との関連で起こっている限り、一般直感によって使用可能となっているが、その両者の働きのありようは大きく違っている。

このような文脈で重要なことは、発達途上あるいは進化途上で話し言葉をまだ身につけていない状態であれば、〈身体〉のありようが話し言葉の欠落を補って前面に出ることである。実はこの言い方は不正確であって、そのような状況では〈身体〉にはもともと言葉の明らかな兆しがないことを意味している。〈身体〉は言葉の欠落を補うのではなく、〈身体〉が言葉として働くということである。つまり、当然のことながら〈身体〉は根源にあっていつでも働いている。それを心との関連で述べれば根源直感のこととなる。

人間は根源においては行動することを特徴とするが、この行動には表現や意思伝達が含まれている。それが根源直感である。そのことは乳幼児に特徴的であり、また原始人一般に特徴的である。一口に原始人と言ってもすでに述べたように長い進化の歴史がある。その画期的な進化は話し言葉を身に付けることだが、その後の進化段階もまた長い。話し言葉のみの段階から文字を自らのものとするまでの間、行動することと話すこととは不即不離の関係をもち続ける。それはそのまま根源直感と一般直感のもつ関係である。その点でさらに重要なのは、話し言葉をもたない原始人の時代がその前段階としてあり、その時代の人間の直感がはたしてどのようなありようをしていたかも同時に問う必要があることである。直感に関してはいつでも根源は重大である。その直感が人間のものである限り、一般直感はいつでも根源直感に支えられている。

言葉をもたない人間がどのような生活をしていたかについて想像することはなかなか難しい。現代人の身近に類人猿がいて想像はややもするとそちらに傾きかねないが、猿は猿であって人間ではない。類人猿は言葉をもたない人間のことでない。考古学には原人という呼び方があるが、これは当然のことながら身体のみに着目した呼び名である。だが、身体のみによる分類であっても類人猿とヒトとの違いは決定的である。考古学はまた猿人という呼び名ももっている。人骨化石の発見に応じて時期は遡るので特定できないが、およそ四百万年から百五十万年前のヒトである。石器を使用し、直立していたと言われる。ちなみに脳の大きさは現生人類の三分の一程度と言われる。前記の原人はこの段階の後に出現している。気の遠くなるような昔（太古）から人間は進化してきて今がある。その後、ネアンデルタール人に代表される旧人時代（およそ二十万年前から三、四万年前）、クロマニヨン人に代表される新人時代（およそ三万五千年前から現代）が続く。本書での問題は身体のことではなく心のこと、直感のことであるが、根源直感のこととなれば身体はまったく問題外ということでもない。

重要なのはヒトが太古からこの地上にいて根源直感を働かせていたということである。その証は石器を使用していたという一事で足りる。類人猿は今でも石器を使用できていないし、道具と呼ぶに足りるものも自らのものにできていない。ヒトによる石器の使用の始まりが太古にまで遡ることは意外な事実である。そこでは根源直感どころか一般直感の存在も想定できなくはない。石器の使用という事象の周辺に言葉の使用という事象が漂っている。このような太古の時代への遡りにおいては、正確さは「石器の使用」という事象と「四百万年前」という時代の特定があれば事足りる。ヒトの進化過程で「言葉の使用」という事象がどの時代あたりに位置づけられるかという課題では、前記のようなスパンの長さにあってはそれに見合った不確かな確かさで十分である。「言葉の使用」の始まりは四百万年前からそれほど離れる時期のことではないと考えられる。場合によれば時期が重なっていることもありうる。ちなみにこの見解は言葉の定義如何にもよるが脳科学の知見と大差はない。

人間の進化の歴史において、一般直感つまり心の始まりは太古にまで遡ると想定される。これは驚嘆すべき内容をもつ事項である。直感や心にとって進化とは何かという問いが突如として本論に迫ってくる。本章の題名に挙げた「心の進歩」という言葉はもともと問題含みであったが、それがこのような文脈の進み行きの内で露わになる。本書ではこれまで心との関係で幾度となく現代文明のことに触れてきたが、その際にはいつも心の危機のことが暗に含まれていた。実際その問題は要素自己の拡大の行き過ぎの懸念としてはっきりしている。そこからは「心の退歩」という言葉までの道のりはあと一歩の前進で足りる。

第三節　日本人の直感の始まり

日本人は大陸の果て、大洋の果てにある列島国としての制約があって特殊である。だが、この特殊性はその制約がかえって事例の特徴性を際立たせ、直感と心を浮彫りにする効果がある。

日本人の祖先および日本列島の歴史にとって最大の事件は氷河期である。最後の氷河期は二万年以上前から始まり、約一万年前まで続いたとされる。この長い期間に日本列島に起こったことは、一つには万年単位の長期にわたる寒冷気候であり、二つにはその結果としての海水凍結による大陸との地続きである。その時期に、一方では大陸の原始人（その心や直感）が列島に渡ってきて（それ以前にも似たことが万年単位の長期間をおいて繰り返されたと想定されるが）、他方では日本列島の北方の原始人（その心と直感）の南下が促進されたと想定される。そして、約一万年前に寒冷気候の収まりとともに日本列島の原始人がその収まるべき場に居を定める移動が続き、彼らの心や直感もその収まるところに収まっていったと想定される。彼らは石器を使用する原始人であり、根源直感に支えられ一般直感を働かせて激動の生活を営んだと想定される。その後道具は進化し、それに伴って言葉も進化した。根源直感に支えられた一般直感は、文字が一部の人びとの日常生活に定着するまでのおよそ一万年間の長きにわたって変化しつづけた。話し言葉のみをもつ原始人の長い歴史がこの列島に刻まれている。文字をもつ人間への移行は世界的に見れば原始人自身が文字を創る場合と他の文明世界から文字が伝わってくる場合がある。圧倒的に多いのは後者であり、わが国もまたその一例である。文字の伝わり方と生まれ方は民族や国によってさまざまである。わが国の場合、島国であることから文字の伝来は遅れている。中国の漢字が仏教経典の伝来とともに伝わっている。それが広まったのは六世紀であり、現代から遡って千五百年を超えていない。

わが国の文字の生まれ方は特徴的である。漢字の形が崩されて別の形が生まれている。明確な形から崩し文字への移行である。漢字は漢字でそのまま残し、崩された文字と混ぜて文章の形が創り出された。この移行過程に平仮名という文字の誕生と変化が刻まれている。平仮名の発生の原初段階では漢字の形がそのまま取り入れられ、すでにある話し言葉の表記の形として使われた。文字を自ら創り出したのではないが、平仮名という新たな文字がその過程で生まれている。自らのものであった話し言葉のあいまいさが確かさの方へと必然的に、あるいは意図的に移行している。最終的には確かさとしての漢字とあいまいさとしての平仮名が混じり合った日本語ができ上がった。

日本人の心や直感を問うことはその話し言葉と文字について問うことと重なるが、このことは他の民族でも同じである。しかし、その具体的なありようとなれば民族によってまちまちである。日本の場合、列島国としてまとまりをもつまでの歴史は長く、石器時代から始まり縄文・弥生時代を経て古代国家が形成されている。その長い歴史を通して大陸から伝わってきた文明の影響は大きく、その最大のものが文字の伝来である。その前段階として稲作の伝来があり、それと共に発展した原始社会が文字伝来を基礎づけた。話し言葉が日本先史のいつの段階で発生したかがやはり重要なエポックメイキングとなる。世界史でもこのことは謎だったが、日本史においても謎である。この謎は話し言葉の本質を物語っている。その本質とは没することだが、それは無に帰してしまうことではない。心として、直感として没している。いつでも話し言葉の内に生き変える。原始時代以来、狭い列島で生き続けた日本人の祖先たちの心と直感はそれぞれの話し言葉とともに無限の生没を続けて現代に至っている。

日本人の心と直感を考える上で欠かせないことがもう一つ別にある。前記してきたこと自身現代の日本人が忘れがちなことだが、こちらはむしろ日本人には元々疎遠にされていることである。日本人は単一民族から成っているわけではない。全体に比べれば少数であるが、アイヌ民族が属している。だがこの少数ということのもつ意味は深い。一つにはわが国の北端地域に限れば先住民族であること、二つには縄文人と原アイヌ人との間に明確な線引きができず、実際北海道の歴史には縄文時代からアイヌ文化を特徴づける擦文時代への変遷が独特なありようをしていること、三つにはアイヌ語と日本語との関係がはっきりせず、しかもアイヌ語は近代に至るまでアイヌ人の話し言葉として日常語でありつづけ、最後まで文字をもたずに現代に至っていること、等である。この第三の点は日本人の心や直感を考える上で貴重な資料を提供している。それは単に日本人の心や直感にとどまらず、人類の心や直感を考える場合にも貴重な資料であり、現代文明の出会っている心の危機のことを考える上でも貴重である。アイヌ文化が最後まで文字をもたなかったことの意味が心や直感の側から問われる。これは単に文明の未開発に帰することのできる問題ではない。また、この問いはすでに述べたような日本人の文字獲得の歴史への問いへとつながり、改めてその視点から日本人の心や直感のありようが問われる。

話し言葉のみをもつ民族と文字ももつ民族との違いは大きい。前者としては日本人の身近にアイヌ人がいて、後者としてはやはり日本人に身近な民族として中国人（漢民族）がいる。中国人は自ら創始した漢字をもっている。ほかにも古代文明につながる国々にその例を探すことができる。日本人はこれら二つの典型の中間に位置している。すでに述べたとおり漢字を引き継いでいるほかに、そこから平仮名を創始し、折衷したことで独特である。加えて、話し言葉をそのまま受け継いでいることも重要である。文字をもたなかったアイヌ語が現在アルファベットで表記されていることに似ている。

各民族における言葉のありようはこのようにさまざまだが、そこに一貫してそれぞれの心と直感が流れていることでは共通している。まだ話し言葉ももたなかった先史時代のヒトにおいては身体が言葉と一体となっていた。これは身体が心と直感と一体となっていたと言うのと同じである。さらに換言すれば、根源直感が主導し、一般直感がその内に生まれていた。ヒトが話すようになった段階で一般直感が主導し始める。各民族で言葉のありようが違うことはその心や直感のありようが違うことである。その典型を日本人とアイヌ人の間に、また日本人と中国人の間に見ることができる。

ある民族が文字をもたいことは文明との接触の機会の有無が決定的だが、民族固有の心や直感のありようとの関連も大きい。その場合要素自己の稀薄性が特徴的である。たとえばアイヌ人が現代まで文字をもたずにきたのは、別に文字を拒んでいたわけでないにしても、文字を不要としていたことだけは容易に想定できる。アイヌ人の心と直感にとっては、あいまいさを払拭するのには話し言葉の形（音声）のみで事は足りていた。それ以上の明らさ、確かさは不要だった。アイヌ人の直感はそのような世界と向き合ってきたし、向き合おうとしていた。したがってその世界観のありようも彼ら固有のものだった。アイヌ人と環境的には身近だった原始時代あるいは古代の日本人も、稲作が伝わり、クニの形が生まれ、最後に文字が伝わるまではアイヌ人に近い心と直感をもち、彼らと似たように世界と向き合っていたと想定できる。〈稲作〉と〈クニ〉と〈文字〉がアイヌ人とは違う現代日本人の心と直感を生んだ。直感に関して述べれば、要素自己の希薄性とその肥大性の違いが生まれた。後者は現代世界の隅々にまで広がる潮流となって現在に至っている。

第四節　日本人の直感の歴史

直感のありようは民族、国によってまちまちだが、その根本は同じである。原始時代以来の人間の進化過程に思いを巡らせるだけでそのことはわかる。人間固有のものが一貫していて、その現れ方がまちまちになっている。日本人の直感のありようを主題化する時にその特徴を過度に特別視してもならず、また逆に過度に普遍視してもならない。現在、文明発展による国際化は極度に進み、各国間、各民族間の差異を縮小させ、むしろ差異は文明の格差の二極化で際立ってきている。本章の論述の展開は文明の発達に特徴づけられており、文明との関連で直感を問うことが重要な課題となっている。

太古の石器に始まり現代のＩＴ機器に至る道具の発展は、知の発達史として心や直感の進化を特徴づけている。「心が形を求める」という人間の内の衝動は確かさと明らかさを目指す心の働きであるが、それが太古では石器を現実のものにし、現代ではＩＴ機器を現実のものにしている。そこで求められているのは言葉の形ではなく、物の形である。

文明は勝れて物と密接している。言葉はその内に没している。単なる話し言葉ではなく、文字が物の内に没している。古代以来の世界共通の直感が〈文字の明るさ〉を求めて文明は発展してきた。原始時代の石器使用の周辺に話し言葉の事象が感じ取れると前に述べたが、それはこのことを意味している。話し言葉の使用から文字の使用までの進化の時間的距離は気の遠くなる長さだが、これは同時に文明の進化の長さとその確かさを示している。その進み行きは遅々としたものであったにしても、確実に前に進んできた。そして現代がある。

現代文明の進み行きはけっして遅々としたものではない。むしろ加速化している。この謎を解く鍵は、文字が物の内に没したことにある。現代文明において心に対応するのが文字であるとすれば、物に対応するのは数字である。文字が物に埋没するという命題は心が数字に埋没するという命題に置き換えられる。それが現代日本人の直感に起こっている。日本の原始時代あるいは古代では話し言葉や文字は物から自立していた。そのありようはアイヌ文化（話し言葉に限られるが）の内に明らかである。アイヌ文化では話し言葉は文字にさえ埋没することなく、最後まで話し言葉として自立して現代に至っている。

直感の原点は身体と同化した根源直感の内にある。だが、心ということになればまた話は別である。身体は身体であって、それがどのように変化しようとも心ではない。心を最も身近に感じ取れるのは話し言葉の周辺である。話している当事者にとってもそうだし、聞く者にとってもそうである。互いにあいまいなままに、話し手は話し、聞き手は聞いている。当事者達が文字をまだ身に付けていなければ言葉は音声としてしかないから、そのあいまいさは一段と際立つ。その代償のように心が前面に出てくる。その場合の心は話し手のものなのか聞き手のものなのかもはっきりしない。心が話し手と聞き手とを一つにしている。心はその周囲に、あるいは見えないところに漂う。時に静寂の内に没し、時に騒音の内に没する。そして再び話し手の声の内に姿を現す。言葉が話される限りにおいて心はその声と共にある。話し手が自らを振り返ってみれば、なるほど心は話し手の口の開閉や舌の動きの内に認められる。密かに心は身体と同化している。心もまた根源直感に支えられているとわかる。だが、それでも心は別のところからやってきている。根源直感が身体と溶け合っているのとは違っている。

心はどこから、どのようにして人間の話し言葉の内にやってくるか。話し言葉を身につけた原始人の一部であるにせよ、この問いをもたなかったはずはない。現代においてこの答えへの接近法は幾つかある。一つは、すでに述べたアイヌ人の例である。昔の歌や物語が伝承として伝わっている。日本人の場合でも伝承記録として残されている。前記の問いへの答えは、「心が形を求める」ことの内に探ることができる。もう一方の「心を形にして伝える」ことは二次的なありようである。前者の場合では、心が何でありどのようなものなのかが直接的な問いとなる。後者の場合では、そこにすでに要素自己があって、その反映として心は形になっている。そこに問いが生ずるとすれば、心が変身する形の〈意味〉が何であり、どのようなことなのかという問いである。

このような心と形の関係のありようは要素自己の働きによって差異が生ずる。要素自己の働きが強まれば「心を形にして伝える」方式が特徴的になり、逆に弱まれば「心が形を求める」方式が特徴的になる。要素自己の働きの強弱は、自己・他者関係、社会化過程の程度、つまり集団の閉鎖性、開放性の程度によって決まる。要素自己が弱ければ、心は本来の衝動に従って形を求めるありようにつく。列島国に住む日本人の心の傾向はこの方向に傾いたと想定される。個々の人との関係に比して、全体としての自然（人もそこに含まれる、以下同じ）との関係が濃厚であったことから、日本人の直感の進化はこの方向で進み、その過程で稲作と出会い、クニの成立と出会い、最後に漢字と出会った。日本人が稲作と出会うまでの直感の傾向は、アイヌ文化と共通する部分も多かったと想定される。日本人（古代以前の）にせよアイヌ人にせよ、その直感は全体として（同時的に個々として）の自然とともにあった。〈情〉や〈景〉としての移ろいの内にあって、その直感は衝動として形を求め、声が発せられた。叫びとして、歌として、祈りとして。その直感は要素自己に囚われるよりも、〈情〉や〈景〉が一つとしてあるものの内に漂う。要素根源と要素超越がそれを支える。

心が一般直感としてある限りどのような場合でも要素自己がそれらを支え、さらにその元で根源直感が支えている。一般直感や心が働くためには、それら各要素は一つとして欠けることはない。太古以来の人間の長い進化の過程が直感のそのようなありようを刻んだ。身体として、心として（文字を身に付けるまでは話し言葉とともにある心として）。その後、直感にとっての一大イベントとしての文字の伝来が、日本人の直感のありようを一変させる。直感の要素としての「知る」が次第に前面に出てくる。

道具の発達に関して直感との関連でまだ触れていない重要事がある。人間の感覚についてはこれまではっきりと主題化してこなかったが、それは感覚が身体と密接であるためである。これについては心との関連で根源直感として一括して済ませてきた。根源直感とは心と身体の接点をなす働きであり、人間を含めたすべての動物に普遍化している。その文脈では心は根源直感から除外されている。しかし感覚は人間と動物に共有されている。

人間には五つの感覚が特定されているが、そのうち視覚の重要性は群を抜いている。人間にとって「見ること」は単なる感覚ではない。それはそのまま「知ること」に重なっている。この事実は人間の道具の発達において極めて重要な意味をもつ。たとえば石器を作ることは「考えること」なしには成り立たないが、そこではまた「見ること」がそれ以上の働きをしている。それは単に感覚の一種としての視覚を意味しない。そこには「考えること」「知ること」が含まれている。この含有は形との関連で生じている。「心が形を求める」という基本命題は、「心が視覚を求めている」と換言できる。直感はそこで働いている。これは単に心の働きにおさまらず、身体の一要素としての視覚の働きがそこに参入している。そこでは単に根源直感だけではなく、一般直感が働いている。そうであればこそ、その周辺には話し言葉が漂っていると想定できる。

心は一方において物の形を求め、他方において言葉の形を求めている。前者は視覚の働く方向であり、後者は思考の働く方向である。これらに身体の働きを加えれば人間の経てきた進化の大筋がより鮮明に浮かび上がってくる。石器からＩＴ機器までの延々と続いた道具の発達は、このような大筋の上に成り立っている。

直感にとっての「見ること」の重要性は前記のことにとどまらない。物は見えるが、心は見えない。この命題からすべてが始まる。見えるものの内に心は没している。道具の発達はそのことによって進められた。道具の発達がヒトに限られているのは、ヒトに心の働きが属しているからである。繰り返しになるが、それが石器からＩＴ機器に至る軌跡のありようである。だが、これは人間の半面を示しているにすぎない。「見えるもの」が人間に属しているように「見えないもの」もまた人間に属している。問題はこの後者である。「見えること」つまり視覚を主題化することが「見えないこと」を際立たせる。「見えないこと」とは心のことにほかならないが、音もまた見えない。これは聴覚である。話し言葉はこの文脈の内で現れる。心は「見えること」と「聞こえること」に挟まれてその姿を隠している。前者は「知ること」に通じ、後者は「話すこと」に通ずる。「知ること」と「話すこと」は「考えること」に通ずる。

話し言葉とともに生きてきた無文字文化の人間の長い歴史は前記のような心のありようを特徴としている。古代までの日本人もまた同じである。だが、前記の心のありようは原始時代や古代の日本人の心のありようの特徴を示し尽くしていない。その心のありようが「見えること」と「聞こえること」に挟まれてあることはそのとおりだろうし、それが「話すこと」に通じていたこともそのとおりだろうが、それらが「知ること」と「考えること」に通じていたと述べることについては疑問が残る。もちろん道具の発達史を思えばそれらを否定することはできないが、たとえば万葉集の和歌の記録一つとってみても、そこに「知ること」と「考えること」とは別の特徴的なありようが示されている。

「見えるもの」は単に物の形に限らない。全体がひとまとまりとして見えるとき物の形ははっきりしていない。そこで働いているのは視覚でなくて直感である。直感は見えないものを見るし、見えるものを見ないことができる。「聞こえること」についても同じである。直感は聞こえないものを聞くし、聞こえるものを聞かないことができる。そのいずれにおいても働いているのは心である。原初のありようの心が音声として発するのは、単に「知ること」や「考えること」としての言葉ではありえず、むしろまったく別の「歌うこと」でもある。古代以前の日本人の心や直感にはこのような特徴的な心が流れつづけていた。この特徴は古代以降の人びとの心や直感の歴史的記録（文学作品）にはっきりと跡づけられる。

心が形としての音声や文字へと変身することは一つの超越のありようだが、逆に形が無形としての心に変身することもまた一つの超越のありようである。万葉集に載っている和歌の数々は文字という超越のありようだが、それを読むとき文字の背後から立ち現れてくる無形のものこそ、かって古代にあり、今再び蘇る心である。

　これまで繰り返し出てきた二つの命題、「心が形を求める」と「心を形にして伝える」を心の主要な二つの働きとして特化し、前者をその原初形態、後者をその発展形態と呼ぶ。後者は、現代ではコミュニケーション言語と呼ばれていることでわかりやすい。むしろ言葉と言えばこの方のこととなっているのが現状であり、これは現代文明の抱えている歪みの一つである。言葉の働きの原初形態が忘れられているか、没し去られている。その現象は心の根源と関係している。この問題は単に人びとが原初形態の言葉の表現に無関心になっていることに限られず、そのような表現そのものが困難になってきている。その一つの現れは文学活動の閉塞状況である。万葉集や源氏物語にあった原初形態の言葉の豊かさがその後時代とともに衰微していることにそれは明らかである。「心が形を求める」純粋さが失われている。要素自己がこの事態をもたらしている。直感の主導権が要素自己に握られることでこの事態は起こっている。それが「心を形にする」というコミュニケーション言語の圧倒的広がりを招いている。主体は心から要素自己に移り、現代はその一つの極限である。心の危機と呼ばれるものがあるとすれば一つにはこのことにほかならない。

　万葉集の和歌の一つ一つの主体は常に心である。現代人によって自己流に読み間違えなければそうである。歌う人が自分のことを歌にしていても、それが歌になっているのは心によってである。つまり要素自己がそこにあるにしても言葉の内に没し、言葉を可能にする補佐としてあるにすぎない。源氏物語のあの長大な言葉の流れにしても、紫式部の内にある心が形を求めてでき上がっている。その心があれだけの多くの事象を現実のものにしている。その言葉の一つひとつ自体が全体としての自然の内に溶けて一体となっている。必要なのは心にとっての最小限の形である。心が拠り所となるだけの形があればよい。絹糸を生むのは蚕としての紫式部の心である。でき上がった糸からは要素自己としての主語が没し、あの文体が生まれている。その都度の心の〈形への変身〉と〈無形への回帰〉があれば足りる。紫式部の一般直感がこの作品を完成させている。そこから要素自己が退くとき純粋直感が「歌う」ありようとして前面に現れる。遠く原始時代の巫女の言葉の日常的な変身のありようがそこにある。

心が形を求める別の方向の進み行きがある。形を言葉に求めるのではなく、身体に求める場合である。つまり「舞う」ありようである。「舞うこと」は日本人に限られることではなくアイヌ文化でも特徴的であり、他の原始人においても特徴的であったと想定される。原初に遡れば直感の働きは単一化する。現代でも舞いは様変わりして特徴的である。しかしこの舞いは心が形を求めるありようをしていない。現代の日本では祭りの舞いはすべて規格化され、管理されている。その舞いに数字が計算として働いている。CGの舞いがその象徴である。原初形態の舞いはそこになく、発展形態の極限としての舞いがある。現代において要素自己は単に直感の要素として突出しているだけではなく、心を数字に置き換えつづけることにおいても突出している。これが別様の心の危機であり、直感の危機である。この突出は「考えること」をもまた危機に晒し始めている。

室町時代に生まれた能は、登場人物は少人数で、しかも台詞はなく、その仕草も単調な舞いに限られる。舞いの形と動きがその主役である。歌われる語りと音曲がその舞いを支える。その内容は死の世界に開かれている。死と隣り合わせに生きる姿が花となる。そこには武士道の心が流れている。身体が心のはかなさと華やかさを一身に引き受ける。身体と心は厳しく別れて溶けてしまうことはない。ここには言葉はない。身体が舞いとして言葉となっている。心は音曲に合わせて歌われる語りの内にある。舞いは死と接して孤立する。武士が敵と刀を交わすのに似ている。舞う身体が花であれば、戦う身体は剣である。身体と心を分かつのは要素自己である。この自己は死と向き合い、絡む。この自己は根源を捨てて花となり剣となって超越する。万葉集や源氏物語に流れている心とは違った、もう一つの日本人の心がそこにある。狭い列島国を生きる武士が培った心である。死と向き合う身体は心を超越させる。

江戸文化もまた日本独特なものである。江戸は列島の小区域にすぎないが、徳川幕府の長期にわたる列島支配がこの文化を全国に広げた。それは室町時代まで続いた文化を継承するものだが、貴族文化や武家文化とは違った新たな文化が生まれた。この変化のキーパーソンとなったのは織田信長である。彼は単に武士道を体現しているだけの人間ではない。彼が能を愛したことは象徴的である。既述したように能は貴族文化に武士道の心が加わった独特なものである。能において心が言葉の形に向かわず身体に向かったのは武士道の洗礼を受けていることと無縁ではない。黙することは武士の心の特徴である。敵と相対する身体と心にとって言葉は余分である。日常の場で談話や談合が必要であっても、武士の本質が戦いにあることからすれば言葉は不純である。身体は身体として純化する。能の舞いはそれを具現している。剣を持って舞う戦国のシテ、それが信長の姿である。

信長に次いで現れた豊臣秀吉と徳川家康が戦国の世を収拾するが、そこでは要素自己は近世へと変質する。戦いの世でなくなったことは武士の心に決定的な変化をもたらす。幕藩体制は武士道の遺風を残した新たな自己・他者関係を社会にもたらし、人びとの直感に新たな変化が起こる。単に原初形態の心ではありえず、また単に日々戦いを生きる武士の心でもありえず、新たな社会に適合する心へと発展する。その言葉もまた武士道の鎧を脱ぎ捨て新たになるが、人付き合いや知識獲得がその主たる目的になる。「伝えること」「知ること」が言葉の前面に現れる。

俳句は戦国の世の連歌から生まれ、江戸文化の一つの特色となった。この芸術は一見孤独な営みに見えるが、その本質は違う。連歌は和歌を複数の人が詠み継ぐものである。心が一つにならないにしても、心がつながっていなければ成り立たない。連歌の〈上の句〉から生まれた俳句は和歌とならぶ日本の代表的な詩の形式である。しかし俳句の言葉は和歌の言葉とは異質である。単に和歌の〈上の句〉を残すというありようではない。言葉にとってこの短かさは極限である。言葉は言葉として自立する。俳人一人のものでなくなる方向へ言葉は歩み出す。そのことを知っていて俳人は俳句を作る。この言葉は単に心が形をとったものではない。あえて言えば読む人の心への効果が狙われる。しかもそこに自らの心を忍ばせなければならない。微妙で繊細な計算が働く。和歌とは違って元々歌うものではない。

その一つの証が季語の存在である。「知ること」と「考えること」がそこに明らかに参入している。古代にあった詩の心は近世の詩へと衣替えしている。単に衣だけのことではなく、その中身も変化している。

古代の直感は江戸時代の「知ること」の内にはっきりとその水脈を残している。その典型は本居宣長である。宣長の業績の本質は単に「古事記伝」や「紫文要領」や「石上私淑言」等の著者であることにとどまるものではない。彼の「知ること」の内に古代の心が色濃く流れ込んでいる。それは彼が単に古代の文献になじんでそうなっているのではない。宣長が江戸時代の社会と文化に直に触れて直感をもって生きたことによってそうなっている。生業である医者としての臨床体験に彼の生来の古文への親しみが加わってその偉大な資質が生まれた。その素地として漢学への傾倒もある。これら三つの要素が宣長の直感の優れたありようを育てている。それら三要素が互いに異質であればこそ直感は一層研かれている。古文を読むことと漢学になじむことが互いに異質であることによって、それぞれへの洞察がいっそう深まっている。すでにそこに古来からの伝統的な日本的な直感が働いている。太古の原始人が石に向かうことの内にあり、古代の日本人が海や山の自然に向かうことの内にあり、奈良・平安時代の日本人が和歌を歌うことの内にあったものが宣長特有のものとなって、それが一般直感として働いている。要素自己の希薄な根源・超越直感がそこで働いている。生業である医者の臨床体験がさらにそれを確かなものとしている。そこでも医学と臨床行為がぶつかるが、その異質性こそが彼の直感を研き、しかもその異質なもの同士のありようを微妙な場にまで追い詰めることができている。宣長の古代言語への鋭い洞察はこのような直感によって可能となっている。古代にあった直感はこうして宣長の直感の内に蘇っている。その直感はその後遠く時代を隔てて昭和の文芸評論家小林秀雄の主著『本居宣長伝』の内に流れ込んでいる。古代にあった直感は江戸から昭和へと継がれ、そして現代がある。

第五節　西欧人の直感と本論の直感

本書は西欧哲学に由来する直感概念を基礎として生まれたものではない。わが国の社会、文化から生まれた直感がここでの直感論の基礎である。日本人の直感のありようが先行している。直感論としても一般直感が先行している。それを直感と呼んでよいかもわからないままに論が始まっている。実際、わが国において直感との関連で心に光が当てられたのは古いことではない。哲学領域を別にすれば、すでに述べた小林秀雄の『本居宣長伝』の例が目にとまる。時代は現代と言ってよい。それまでは同じ問題が心という言葉で論じられてきた。本書でも心と直感についてはその差異を明確にしないままにしてある。これには元々次のような事情もあるので、ここでそれについて付記しておく。

本論では心を改めて直感と呼び直すことで論が成立している。言い換えれば筆者の心が自らを省みることで直感概念が浮上している。この原体験は筆者がかって仕事をしていた心理査定の場にある。臨床はもともと哲学や形而上学にはなじまず経験が命である。だがその心理査定の対象が非行少年であり、査定の結果が司法審判の資料となることで事情は違っていた。司法判断への影響を考えれば客観性、妥当性が問われた。このような臨床業務の過程で査定者としての筆者の心の根底に西欧哲学の直感概念に近似するものが見いだされた。臨床現場で働いているのは一般直感だが、査定に働く一般直感は特殊直感に限りなく近づく。本論はそのような原体験から出発している。個人的事情ついでに筆者の大学での専攻がフランス文学であったこともここで付記しておく。

西欧人の直感は知を中心として展開してきた。古代ギリシャの哲学が西欧文明の発端であることを思えば、これも頷ける。西欧の宗教観も知との関連で紆余曲折している。他方、芸術活動はルネッサンスの大きな潮流となって西欧文明を特徴づけているが、それもまた知を拠り所にし、あるいは知と連携するようにして起こっている。その一人のキーパーソンが一五世紀に生まれたレオナルド・ダ・ビンチだが、彼は視覚に知を重ね合わせるようにしてその芸術を開花させた。その精神に現れているものこそ典型的な直感だが、直感がその方向で主題化されることはなかった。これは西欧文明の発展が知を主題にして展開したことの反映である。それからほぼ一世紀遅れて生きたガリレオが知を中心に現代科学の基礎を築き、またデカルトがさらに少し遅れて一七世紀に入って現代思想の基礎を築いた。このように西欧における直感は知の主題化の下に展開した。知としての直感の潮流は一八世紀のドイツ哲学の中心人物カントの内に流れ込み、そこで直感は正面から見据えられることとなった。

カント以降の西欧人の直感の特徴的展開はドイツ文学のゲーテに一つの典型として現れている。ゲーテはその長きにわたる人生をフル活用し、死の直前まで書き継いだ『ファウスト』では精神の調和が説かれている。他方、詩人のヘルダーリンや思想家のニーチェらの作品には直感の別の典型が見いだされる。前述した西欧文化特有の知に依拠する文学が感性に主導されて極限を目指している。また、カント哲学の限界を見てとったハイデッガーはこれら感性による作品を通して詩と思惟のそれぞれの極限を探った。ドイツにおけるこのようなカント哲学以降の大きな潮流が感性面でも理性面でも一つの極限に達したことは瞠目に値する。東洋の日本人の直感にはなかなか測りがたいものがある。そこにあいまいさがあるにしても､すでに極限の内にあるあいまいさである。明らかさがあいまいさとしてある。端的に言って感性と理性が補完し合うありようが感性の方向にも、そして理性の方向にも働き、それが作品として結実している。フッサール現象学の創始に一役買ったハイデッガーは直感を現象として捉えることによって新たな展望を開いた。だがこの展望は知に偏っていたことから現在でも一般の人びとの手に届くものとはなっていない。それどころか学を専門とする人びとにも簡単には手の届くものとなりえていない。現象学あるいは現存在分析論の限界がそこに見えてくる。

直感の根源の捉え方が知の方向に偏り、一般直感や胎児の直感や動物の直感が切り離されている。それらのいずれにおいても直感は紛れもなく働いている。胎児や動物の場合には根源として働いている。動物に心の存在を想定することは疑問だが、乳幼児には紛れもなく心は働いている。胎児はその中間に位置し、謎となっている。西欧での直感はこのあたりの事情を見定めていない。動物の直感が低次元のものでないことは、たとえば群れ飛ぶ鳥の方向転換や鮭の生誕地への帰還などを挙げればそれで十分である。本能とは根本的能力のことであって、単純に神秘的事象を意味しているのではない。前掲の二例は鳥や鮭が超越領域を生きていることを示している。

直感に別の光がドイツの隣国であるフランスの文化によって当てられている。しかしフランス文化もまた西欧文化の潮流から逃れることはできず、その直感はやはり知の方向に偏っている。むしろその理知主義的傾向はドイツ文化に劣らない。ルイ王朝下の繁栄とともに発展したフランス文学は、その後フランス革命に続く一九世紀に浪漫主義文学の隆盛を迎える。ドイツ文化が哲学によって主導されたのとは違って、フランス文化は文学によって主導された観を呈する。この差異は両国の言語に由来する所が大きい。フランス国民は自国語を大切にするが、現代フランス語の母体はラテン文化の影響下にあったゴール人の取り入れたラテン語から派生したと言われる。日本語の発生とは事情はまったく違うが、自国語のありようがその直感に影響を及ぼしている点では同じである。フランス人の祖先であるゴール人はラテン文化との交流を通して、その要素自己にゴール魂を流し込んだと想定される。漢字の伝来の下に新たに要素自己を形成していった日本人とはその点が違う。フランス人が自国語を愛するのは自国語の内にゴール魂と一つとなった要素自己を見いだしているのかもしれない。

フランス文学に流れる古典主義的傾向と浪漫主義的傾向の両立にはこのような直感のありようが反映している。要素自己のもつ言語的規範が古典形式を大切にし、また同じ要素自己のもつ個人崇拝が浪漫主義を強調する。そのはざまで悩んだ典型的な作家がフローベールであり、『ボヴァリー夫人』はその結実にほかならない。要素自己を捨ててもならず、またそれを強調してもならない文学的空間は狭い。宮廷文学あるいはサロン文学の系譜をもつフランス文学はこの狭い空間を掻き分けるようにして進んできた。その象徴的かつ最終的成果は、小説ではプルーストの大作『失われた時を求めて』であり、詩としてはマラルメやボードレールに始まる純粋詩である。これらの文学にとって要素自己は重い荷物だが、彼らにとってはそこからのみ文学が生まれてくることからすれば要素自己にこだわるほかに道はない。ここで働く直感は知とともに極限に進んだドイツ文化のそれとは違っているが、フランス文学もまた同じ極限に近づいていく。そこでは最後まで要素自己が寄り添い、作家、詩人、哲学者それぞれの極限的ありようが文学と哲学の言葉で表現されている。『失われた時を求めて』はその一大絵巻であり、そこではハイデッガーが捉えた極限のありようが小説の言葉によって表現されている。両者が共に時間をキーワードとしていることは単なる偶然ではない。

第六章　文明は心と共にある

第一節　社会と直感

原始人、古代人の心が働いていた領域は現代人にもなおそのまま残されている。そこに心が働いている限りそうである。心の働く領域は太古以来変わっていない。そのこと自体が人類の歴史である。人類と心は切り離せない本質的な関係にある。もし心が成り立たなくなった時は人類が別の種へと移行する時か、あるいは人類それ自身が滅亡する時である。

原始人、古代人は現代人よりも根源領域を生きることが日常的であった。根源領域を生きるということは、名のないもの、言葉で表せないものの内で生き、身体に触れられないものの内でも生きることである。これは動物達が生きている領域と重なっている。だが、人類は同時に自己領域も生きている。名のあるもの、言葉で表せるもの、あるいは物の内でも生きている。このことが可能となるためには心が働いていなければ不可能である。そして心が働くためにはこの二つの領域を同時に生きることだけではなお足りない。名のないものと名のあるもの、言葉で表せるものと表せないもの、身体に触れるものと触れられないもの、これらの対は互いにつながっていなければ心は成り立たない。

心はいつでも全体である。これら互いに否定し合うものが一つのありようとして同時にあるのでなければ心は成り立たない。その役割を果たすものが要素超越である。超越することによってこれら相反するものがつながる。橋がかけられる。そのように生きることは人間によってのみ可能であったし、今も可能となっている。

人間が生きることは、原則として一人のみで生きることではありえない。多かれ少なかれ集団として生きる。そして社会の単位が集団であることからすれば、原始時代以来人間は社会（その質と量はとりあえず問わない）と共に生きてきた。人間と社会は切り離すことのできない関係にある。それを結びつけているものが心であり、言葉である。それがまた直感であるとすれば単に人間に限られず動物への広がりが生ずる。これまで植物についてては論じていないが、植物についてては謎である。植物は紛れもなく生きているから一概に直感の存在を否定できない。

人間が生きるということは心を働かし、直感を働かすことである。このことの内にすでに社会は存在している。心を働かすということは、その質と量を問わなければ（行動や仕草による信号も含めれば）言葉を働かすことである。言葉は相手があって成り立つものである。社会と直感は極めて密接である。現代社会であってもこのことに変わりはない。原始社会に比べれば現代社会の内容と広がりには格段の差があるが、直感はそのありようを変えて現代に至っている。その一つの証は一般直感である。すでに述べてきたとおり、直感は人間が三つの領域を同時的に生きる働きだが、現代人は自己領域を特徴的に生きている。これは現代社会が自己領域を特徴的にしていることの反映である。現代社会、現代文明の抱える諸問題はすべてこのことに集約されている。

現代において要素自己の問題は複雑化している。つまり、直感にとっての自己の問題が複雑になっている。諸問題が絡み合って容易には解けない事態にもなっている。これは社会の複雑化の反映である。社会は複雑に絡み、矛盾を内に隠すことによって単一化に向かっている。直感が一筋縄ではいかないことからすれば当然の帰結だが、そのような絡み、矛盾が更なる絡み、矛盾となって重畳化している。要素自己は根源、超越の二要素共々で直感を成り立たせている。単なる要素としてではなく、領域として成り立たせている。その領域を生きるのが人間であり、人間の心であり、人間の身体である。だが、そもそもこの表現にある人間とは何か。このことがはっきりしていない。おそらく社会との関係ではっきりしていない。そのはっきりしないものをはっきりしないままにして人類は現代まで過ごしてきた。

人間は心と身体でもって生きている。根源において心と身体は一つのものである。哲学と科学がそれぞれの研究対象としてこれらを分離する習慣が古代から続いてきて、この単純明快な真理が見失われがちである。人間は心のみで生きるのでもなければ、身体のみで生きるのでもない。心も身体も伴わなければ生きることはできない。人間は心の領域と身体の領域を同時に生きている。片方の領域のみを生きることは不可能である。人間が生きている限り根源直感は最奥の根源で働いている。この根源から一般直感が生まれる。この一般直感には根源のものとしての心と身体が含まれている。一般直感は心と身体の各領域で同時に働く。

二つの領域が別のものではないありようとは、つながっているのでなければ重なっているありようである。同時に生きるということであれば重なったありようしかない。重なった二つの領域を同時に貫くように生きることである。心と身体との関係はそのようにしてある。これが人間の根源直感のありようであり、一般直感はそこから生まれている。一般直感の根源ではいつでも心と身体が重なって根源直感を働かせている。そして、異質のものとしての領域を重ねている働きこそ要素超越の働きである。根源領域においても超えることが起こっているし、自己領域でも超えることが起こっている。超えるということは、このようなことからすれば重なったありようのものを同時的に貫くようなありようである。根源領域で心と身体が一つのありようをしているのも、また自己領域で自己と社会が一つのありようをしているのも、そこに要素超越が働いているから可能となっている。人間は太古以来時代時代のそれぞれの社会にあって、そのように生きてきた。そして、現代がある。今こそ直感によって、しかも直感との関連で、人間が何であるかが改めて問われなければならない。

第二節　芸術と直感

社会との関係で密接なのは一般直感であり、なかんずく現代ではそれは要素自己に極端に偏っている。芸術活動で働く直感においてはこれとは対照的に非自己領域が前面に出る。その直感のありようは多かれ少なかれ純粋直感と重なっている。

一般形而上学の純粋思惟において働く直感もまた純粋直感である。思惟が直感と結びつくことは一見奇異だが、カントの超越論では徹底的にこのことが追求された。カントは超越を可能とする能力を純粋直感との関連で捉え、超越論的構想力と呼んだ。ハイデッガーはカントのその徹底ぶりは不十分で、最後には悟性（理性）に回帰したと論じている。この未到の道を後に現象学及び現存在分析論が歩むことになる。

理知論は経験論を排除する。現象学も最終的にはそれに就く。現存在分析論でさえ一般直感への思惟を発展させることなく、一般直感はハイデッガーのヒト概念の内に埋没した。それと共に胎児のもつ根源直感は排除された。動物の直感につながる根源直感は単に低級な機能と見做されるだけでなく、理知には元々なじまない。動物の直感が高次元のものであることは、すでに述べたとおり群れ飛ぶ鳥の飛翔や鮭の帰巣本能に明らかである。本能は根源的であり、根源領域は超越領域と結ばれている。原始時代においても現代においても同じである。現に今も世界で生まれ続けている無数の胎児がそのことを示しつづけている。この根源の地平の向こうに超越のありようが見て取れる。

その証は原始時代から現代まで延々とつづいてきた芸術活動にも見て取れる。超越の働きが人間の芸術活動を可能にしている。超越の働きとは、一つには自己領域を超えることである。生きることは自己領域では単なる経験だが、同じ「生きる」は超越領域では超越としての経験となる。つまり自己のものでない経験、脱自の経験となる。カントが思惟の領域で超越論的構想と名付けたのも同じであり、自己のものでない経験とは非自己の経験、つまり脱自の経験である。超越として「構想」が向こうからやってくる限りにおいてそれは感性であって感性ではない。受け取る限りにおいて感性だが、向こうから超越としてやってきている限りにおいて超越論的理性である。それが一つのものとなって「構想」がある。これが超越のもう一つの働きを示す。互いに異質なもの同士をつなぐ橋となる。

芸術活動は基本的には最後まで経験に徹する。主体の重心は超越領域に移り、その経験を徹底させる。この主体の重心の移動こそが純粋芸術を可能にしている。芸術家は特殊直感を駆使する特殊な人間である。単に超越領域に重心を置いて生きるのみならず、同時に根源領域を生き、また自己領域を生きている。

人間の直感は根源領域から始まり、根源直感が一般直感を生む。当然のことながら順序はその逆ではない。そして自己（社会）領域が徐々に育ち、自己主体が育っていく。芸術家もまたこのことにおいては同じである。その過程において超越領域がどのように絡むかがその芸術性を規定する。芸術家一人ひとりのそのありようは違い、そこからさまざまなありようの芸術が生まれる。単にジャンルの差異にとどまらず、その表現方法が違ってくる。加えて、芸術はもともと超越領域との関連が強く、そのため超越領域そのもののありようの差異が重要な働きをする。

超越領域とはいえ、それもまた根源から生まれることに変わりはない。根源はあくまでも根源である。このことの内に超越が根源と結びつく契機が捉えられる。だが、この結びつきは特殊である。超越が要素自己を介して根源と結びつくのでないとすれば、超越にとっての根源は特殊である。超越にとっての根源とは何を意味するか、このことが改めて問われなければならない。

超越にとって要素自己を介さない根源とは社会の根源、国の根源、民族の根源、世界の根源、宇宙の根源である。

自己領域を社会領域とも呼ぶことのできるゆえんはこのことの内にある。根源に向かう要素自己と社会に向かう要素自己がこの二つの方向を成り立たせている。すべての人間はこのはざまで生きているが、芸術家は非自己領域との関連が密接であることからこの傾向は尖鋭化する。芸術家の敏感な感性は、超越と根源の接合する領域を要素自己経由でない方法で捉える。これは学者がその論理によって超越領域へ進み出るのとは違っている。学者は自己領域から一歩も退かずに超越領域に進み出る。正確に述べれば、学者の主体ではなく、論理としての超越の主体が導く。だが、これは直感主体ではない。現代文明において数字としての主体が世界を主導しているありようもこれと同じである。数字の主体に自己主体がぴったりと従属している。

直感、とりわけ超越領域と関係する直感は、国、人種、民族によって違うが、このことが単純に無視されて国際化が進み、その無理が地域紛争として対立を生みつづけている。世界の根源は一つであるにしても、国や人種や民族の根源がその内に消えてしまうわけでもない。直感そのものがバランスの上に成り立つことからすればこれは自明である。一個人のことでも一社会のことでもない問題が深刻化する事態では、超越と根源の領域の働きは重要である。芸術活動はその一つの担い手としてある。一見して社会にとって無駄で無用なこととも思われがちな芸術が、とりわけ直感にとっては重要な働きをする。

わが国には三島由紀夫という極めて特異な作家がいる。三島には直感のバランスとは別の独特なバランスがあった。それはバランスと呼ぶよりも使い分けと言った方がよい。使い分けるということとバランスを取るということとは違う。直感にとってこの違いは重要である。男の要素と女の要素のバランスをとることは人間にとって普遍的な傾向だが、男の役割と女の役割を使い分けるということは、それが性的側面も含めてのことであるとすれば特殊である。三島における一人二役の特徴は単に性のことに限られていない。作家と思想家、脚本家（演出家）と俳優、作家と家庭人、武人と文人、肉体的人間と精神的人間、等々。これらの一人二役は三島にとって単にバランスをとるようなものでないばかりか、その両者の区分についてストイックなまでの厳格な基準を設ける。そのこと自体が三島の生を可能にしていた。三島の最後の長編『豊饒の海』はそのような生の最終的ゴールだが、その創作の進行とともにこの二区分の使い分けがあいまいになり、現実的にはあの奇怪な自死の決行者としての三島と『豊饒の海』の作者としての三島があいまいに溶け合うことになり、最後の幕が超越主体の主導に従って閉じられたと捉えられる。

三島における早熟とは作家としてのそれを意味するが、要素自己もまたそれと連動して早熟している。その幾編かの処女作品に見られる完成度の高さは、生活者としての自己が作家としての早熟な自己を自らのものとしている三島の直感主体によって作られている。これはあくまでも要素自己によって主導されている。この要素自己は三島の日常現実とともに生まれ、育っている。そして三島は作家としての生を歩み始めるが、その作品の傾向が次第に作品現実と日常現実の間の溝を深める方向に進み、三島は生きるための直感のバランスを取ることよりも二つの現実を生き分けることを選びその技法を磨く。これは三島の一つの要素自己のありようである。これとは別に三島は作品現実を生きる創りものの要素自己を作品との関係で生み出す。この方の要素自己は超越に服従し、その主体に従っている。あたかも要素自己の身代わりとなった数字が超越主体に従って現代文明を創り出していることの陰画か陽画のようにである。これが三島の芸術の原理である。だが、三島が人間である限りその生を可能にする直感主体を離れることはできず、そのためには要素自己も要素超越も要素根源も重なり合っていなければならず、そのことに起因して三島の作品現実と日常現実もまた重なり合っていなければならず、その原理に従って二つの現実が晩年の三島の意識で融合に向かった時、最後の作品は作者三島自身の思いもしない突然の終結を招き、同時に自らの生の幕引きもその陰画か陽画のようにして進められ、あの奇怪な事件が現実のものとなった。

芸術家の直感は特異なありようをしがちであり、哲学者の直感が特殊直感と呼ばれるのに似ているが、芸術家は日々の社会生活を離れては成り立たない点では哲学者以上である。芸術の領域は幅広く、この傾向は一層特徴的である。

芸術家に必要なのは一般直感であると言った方が当たっている。彼らの内の一部の人びとが一般直感を特殊化していく。あるいは三島のように作品現実と向き合う時には特殊直感を使い、日常現実を生きる時は一般直感を使う。だが、すでに述べたようにこの表現は正確ではない。現にこのような区分が三島をあの最後の奇怪な事件に向かわせる結果となっている。現象学の創始者フッサールの記述にもこれと似た内容のものがあって、彼もまた現象学の思惟に耽る自分と家庭生活者としての自分を使い分けていた。このような使い分けはそれほど珍しいことではなく、芸術家には多かれ少なかれ共通する資質である。だが、本論の趣旨から見ればこの二区分は使い分けできるような単純なものではない。少なくともそれはどちらかを主とし他を副とするような使い分けである。やはりバランスである。三島のようにこの区分けがその芸術の基本原理になるとき事態は複雑になる。この事例は一般直感とは何であるかを裏側から照らし出している。

芸術家も一般直感から解放されることはない。一般直感は人間の根本的ありようである。ハイデッガーが人間をヒトと呼び、その行為や思考の主体を私と呼ぶのは、このようなことを意識してのことであろう。芸術家であっても一般直感なくしてはその生が成り立たない。芸術は一般の人びとと無縁ではなく、その鑑賞ということになれば一般の人びとが主役となる。この点は哲学の思惟が日常の経験から離れることを宿命としていることとは違う。哲学の思惟は経験を離れてもならないが、経験を離れなければ成り立たない。カント流に述べれば超越論的理性が必要だが、そこにもなお超越論としての経験は属している。アプリオリ（先験）という概念は根源領域が哲学者の生きる場となっていることの裏側を示している。同じ思惟でも一般学問のある種の思惟、あるいは数学の論理的思惟には経験に残されている余地は少ない。形式論理や数字に主体を明け渡した時には経験は切り離される。あたかも宇宙飛行に出るロケットが次々と付属物を切り離し、数字に管理された宇宙船のみが残るように。そこでの経験とは数字と事実との照合のこととなる。

要素自己と数字の視点からは根源領域が隠されるか没するかしやすい。その上で超越が目指される。超越を目指していればまだしもだが、自己領域の内に引きこもることになれば確かな指針が失われて事は深刻である。また要素自己が根源を失ったまま超越を目指す場合には、社会のため、国のため、世界のため、人類のためという超越的旗印が単純に美徳とみなされやすく、やはり確かな指針は得られない。実際はその旗には地とつながる支柱があり根源があるのだが、当の要素自己、数字自身にはそのことに気づく術がない。なぜならそのためにはいったん要素自己、数字が否定されなければならないからである。その否定の役割は本来的に生滅の場である要素根源が受け持っている。

根源領域は超越領域ともども非自己領域と呼ばれるが、この呼び方は誤解を招きやすい。単に自己が否定されればよいというものではない。むしろ要素自己は直感にとって欠かすことができないものである。否定されるのであれば、自己、社会ともども否定されなければならない。それが再生のための根源領域を明るみに引き出す。要素自己、要素社会に根源への気づきを新たに促す。その根源領域に一筋の光が差し込む。胎児のいる胎内に差し込む一筋の光のように。要素自己からは根源領域が捉えられないが、その逆は真ではない。根源領域を生きる人間には自己領域を見通せる。超越への道は要素自己を介しても通じているが、根源領域自身に要素超越が属している。胎児の発生がそのことを証している。そのことに倣って人間に関係するあらゆる生滅が根源領域で展開している。それらは無数の芸術作品となって現にある。

第三節　科学と直感

現代文明を主導しているのは科学理論の現実化の働きである。その主たる目的は経済発展であり、効率化と量産化への志向の根源に経済的豊かさへの奇求がある。科学はこの動機、この目的のために使用されている。使用しているのは人間の集団だが、その動機、目的が前記のように単純なものであることからすれば、そこに自己主体の入り込む余地は少ない。方法の企図や計算は科学自身が担い、新たな問題が生まれれば科学自身がその解決の任に就く。「経済的豊かさへの奇求」と「効率化と量産化への志向」に沿って科学が主体となって事は進む。ここで働いている集団的直感は単純である。複雑さはそのことによって生じる集団同士の関係の調整と人間と非人間（人間以外の自然存在）との関係の調整のこととなる。後者の問題はなかなか個人として気づくことは難しく、集団が個人の集合であることからすれば集団も気づくことが遅れる。科学自身にはこのことに気づく術はない。科学には元々自らの働きに動機も志向もなく、ただ計算し、観察し、理論化することのみを役目としている。集団的直感の単純な動機と単純な志向が唯一の主体のありようだが、そのささやかな主体は方法としての科学と一体となっている。

集団的直感は既に述べたように要素自己を要素社会と同一化できることの内に働く偏った直感である。現代社会で働く直感は要素自己を中心にして展開するが、現代文明の加速度的、国際的促進は個々の人間の要素自己のありようを特殊化させている。この自己は個人レベルに視点を合わせれば胎児に始まり老人まで成長していくが、経済的豊かさを求める動機はこの要素自己の内に潜む。言葉の使用が熟し始めるのは学童期の後半であり、要素自己はその時を待って一人前としてスタートに着く。身体もまたそれにふさわしい準備を整え終わっている。この要素自己は要素社会と呼ばれるものにもなってくる。この自己はさまざまなありようで社会と一体となる。互いに離合する場合でも離合するありようで自己は社会と一体となる。要素自己は要素社会の内に埋没することも可能である。一見して要素自己を捨てて要素社会に就くありようは一種の超越のありようをしているが、これは自己（社会）領域内での超越である。その領域内では自己から社会への移行は、要素自己から要素社会への視点移行であり、そこに超越の一つのありようがあるが、直感からすれば元々自己と社会が同一であることからすれば直感の要素としての超越ではない。自己主体が社会主体に移行しただけである。すでに述べたとおり、このようなことが超越として美化されたり、称揚されたりするのは直感にとって本来的ではない。むしろ、そうした傾向が要素自己、要素社会を凝り固まらせる働きがある。これは利己主義を〈利社会〉主義に視点を移すだけのことであり、「豊かさへの動機」や「効率・量産への志向」の内での小さな展開にすぎない。それはその集団にとってはともかくとして、直感にとっては元々美化できるものでも称揚すべきものでもない。

科学に主体がないのは、そこに心が働く余地がないことに集約される。「心が形を求める」という命題と「心に形を与える」という命題は一見似ていて、心のこととなれば同じようにも受け取りかねないが、この二つの差異は本質的である。「心」が主語であるか述語であるかは、直感にとっては天と地の差がある。科学もまた人間との関係を否定できないことからすれば、そこに心が関係していることは当然である。だが、そこでは「心が形を求める」ありようは通常的には無縁であり、そのような余地があるにしても限られている。基本的には心が働いては科学は成り立たない。もちろんここで述べている「心」とは本論の文脈に沿うものであり、知ることや考えることなど分節化された心、つまり心理のことではない。ひとまとまりとして、ひとつながりとしてある心のことである。正確には直感のことでもない。最もはっきりしないものであり、当然見ることも、掴むことも、計量することもできない。科学にそのようなものが入り込むことはありえない。科学自身がそれを排除している。科学にそのようなものが入り込むのを科学自身が許容することがあれば、その科学には括弧をつけて［科学］と言わなければならない。この［科学］にはただ一点であれあいまいさが含まれていると規定されなければならない。そしてその一点を前以て明示しなければならない。たとえば、この［科学］には「心が形を求める働き」が含まれている、と。その「心」を定義するとすれば「ひとまとまりでひとつながりとしてある何か」としか表現できないが、あとは付帯条件を添えて説明するよりない。たとえば、見えないとか、掴めないとか、計量できないとか……。

だが科学であっても「心に形を与える」ことはできる。この時主体は要素自己に移る。この要素自己は要素社会と同一である。言葉と身体によってこの二要素はつながっている。その際、言葉と身体は要素自己の道具となる。科学において言葉と身体は要素自己によって管理される。そのことによって要素自己は要素自己であることの権利を得ている。ここには本来的に心は属していない。属するということであれば逆に要素自己が心に属している。それも極めて重要な働きとして心に属している。要素自己が自らの働きを心の働きと誤解しかねないのもこのためである。現代文明の進行に伴ってこの誤解が進んでいる。「心が形を求める」という根源的現象が埋没する結果として進んでいる。「要素自己が心に形を与える」という逆転が進行している。要素自己の成分である言葉と身体が心に形を与えるというありようが先行する。文明とはこのことにほかならないからこれは事実であり、真であるが、根源が失われている。あるいは根源が捨て去られている。言葉と身体が心に形を与えるありようが事実であり真であるにしても、根源としての心が埋没してしまえばこれはもはや真ではない。心とはひとまとまりでひとつながりのものと捉えられている。根源の心の働きが欠落しているありようで言葉と身体が形を与えているものがあるとすれば、それはもはや心でなく心とは別の何かである。その時言葉は記号そのものとなり、身体は物一般と同じものとなる。それは紛れもなくロボットのことである。同じロボットであるにしても鉄腕アトムとは似ても似つかないものである。あるいはロボットでありながら人間の姿に似ているかもしれない。これは現代科学自身が語る怪談である。

「心が形を求める」ことは直感としては根源領域における働きである。根源とは人間にとってのすべての根源であるから、心もまたここから生じて形の内に溶け込む。その一つのありようがこれも繰り返し述べてきたとおり胎児との関連である。胎児に心があるかどうかは別にしても、胎児が心を働かすことはありえない。胎児は人間の原点であり、人間としては限りなく無へと近づいている存在である。そこに心を働かす主体があるとは思えない。胎児に心があるとしても、それを働かすのは心自身である。これが胎児の遠い将来の言葉や行動の始まりの原点である。生誕後の成長過程で心も発達し、言葉が幼児や学童にとって道具となることに応じて言葉自らが働くありようは背景に退き、要素自己の関与が始まる。言葉のもつ主な役割がコミュニケーション言語へと移行する。

科学を成り立たせている言語や記号や数字はこのような発達の最終段階で登場している。そのことの内に心のありかを求めてもむなしい。科学はロマンであり、科学の成果は夢見ることから実現するという表現はいかにも心との関連を窺わせるが、これは人間の根源の奇求を表現したにすぎない。この表現は単に科学のみに言えることではなく、すべての人間の営みに通ずる。つまり、「心が形を求める」ことの趣旨を、心に代えて科学を主語にして述べているにすぎない。図らずも現代における科学と心の関係を表現している。科学は心に代わって主権を手にしている。その場合のロマンや夢がどこから生まれてくるのかは定かでない。

科学は直感としては自己領域に属し、観察もされ、実験もされ、計算もされ、理論も作られる。それらは単に実験室や試験場などの自己領域の場に限られるものではなく、それぞれの場は根源領域や超越領域と重なっている。言葉や記号や数字が超越領域で働き、それぞれの表象の生滅は根源領域と重なり、現象の観察もまた根源領域での現象と重なっている。だが、科学者は自己領域で生き、そこで仕事もしている。人間の営みはすべてそのようになされていて、科学者であってもその例外ではない。科学と対極にある芸術においても同じで、これについては前節で述べた。心との関連でこの両者は対極にあり、現代文明の進み行きに黄信号が点っているにしても、その責は科学にあるのではない。責がないどころか、逆に現代における科学の担う責務は重い。当然のことながら責は人間にある。科学者の責任か。確かにそうである。だが、これは現代人すべてが科学の恩恵の下に生きていることからすれば当たっていない。責任はすべての人にある。だがそれはどのような責任なのか。このことが問われなければならない。

必要なのは、進歩ではなく退歩への道も覚悟することである。そこで問題となっていることが行き過ぎのことであるとすれば、この問題を解決することは退歩の覚悟を決めることである。だがこのありようは至難である。人間は進歩することに慣れてきている。

自己領域を中心とした進歩は直感にとっての進歩ではない。このことにまず気づくこと、そしてその気づきが直感にとっての進歩であると気づくこと、そのような進歩がいま求められている。退歩の覚悟とは自己領域を中心とした退歩の覚悟のことである。求められているのは根源領域へ重心を移し、自らの根源を捉え直すことである。そして科学を根源領域から捉え直すことである。そのとき科学の進めていることが実は直感にとっては退歩であることがはっきり見えてくる。

根源と超越の存在の価値を一般の人びとに気づかせるのは芸術家の役割である。現代社会の混沌が単に科学の専横にあるのでないことは自明で、むしろ芸術の衰退にこそその直接的な責はある。芸術家もまた根源を見失っている事態が現代の混乱を招いていることは、その混乱の原因が根源領域の没落にあることからすればはっきりしている。芸術家もまた心を形にすることに汲々になって、根源の本質である「心が形を求める」ありようを見失っている。この責もまた重い。

第四節　文明の諸領域と直感

直感の働く領域は無限にある。その一つひとつに当たっても詮ないことである。前二節で芸術と科学の領域を取り上げたのは、それらが非自己領域及び自己領域でそれぞれ特徴的に働き、そのどちらもが現代文明との関連で重要な意味をもつと捉えてのことである。実際、直感の働く領域としてまず考えなければならないのは非自己領域と自己領域である。この二領域自身が直感を成り立たせていることからすれば当然である。直感問題はすべてこのことに帰着する。「自己」とは人間に向かう方向であり、「非自己」とは人間以外のものに向かう方向である。心がひとつながり、ひとまとまりとしてあることから心の問題はこの二領域のありように関係する。これまで直感主体はこの二領域のバランスによって成り立つと述べてきたが、このバランスという言葉も検討が必要で、そこには「要素」としてのバランスと「働き」としてのバランスがあって、事は単純ではない。直感の各領域はそれぞれ別のものでありながら互いにつながっており、それればかりかひとまとまりとしてあり、その内でそれぞれの働きが錯綜している。

芸術と科学は領域として二極端のありようだが、それが人間を中心とした働きである限りひとつながり、ひとまとまりとしてある。そのいずれもが直感の働きである。その一つの証はどのような芸術であれ科学的要素なしでは成り立たないことにはっきりしている。この逆もまた真であって、科学は芸術の基本原理である「心が形を求める」ありようが自らのものとなっていなければ進歩も退歩もない。それを「バネ」（たとえば新発見のこと）にして前進がある。そのバネを自らのものとしている限りにおいて主体は科学つまり要素自己が握っている。「バネ」と呼ばれるものは言ってみれば無から有を生み出す働きであり、この要素自己はそのことに気づくことなく有を自らのみで生みだしたと捉える。これを否定することは根源的な自己否定であるから、要素自己としての主体は必然的にその気づきの可能性を排除する。科学にとって「バネ」は自らのものであるという専横がそこにある。実際は、そのような要素自己のありようとは別に要素非自己が要素自己のありようを補完して直感を成り立たせている。

科学と芸術の関係を脳科学と芸術との関係に絞れば、この問題はさらに尖鋭化する。脳科学はその研究対象を単に自己領域の問題に限るわけにはいかず、非自己領域のことも対象にしなければ成り立たない。この述べ方は正しくなく脳科学は元々その対象を自己領域と非自己領域に分けて扱うことはできない。脳科学は人間の脳なり動物の脳なりで起こることの観察と実験と計算で成り立つ。そこに自己領域と非自己領域の区別はなく、あるとすれば人間の脳とチンパンジーの脳のような区分であり、そしてそのどちらもが脳には違いないことからそれらを同じように扱う。その行き過ぎが脳科学の専横としてある。人間の脳とチンパンジーの脳には本質的な違いがあることは、胎児から乳幼児への発達における直感のありようを見れば自明である。端的に言って言葉が生まれる脳と生まれない脳には本質的な差がある。少なくとも直感にとってはこの二つの脳を同一に扱うことはできない。チンパンジーの脳には少なくとも要素自己は属していない。

そうは言っても脳科学もまた学問として要素自己に属していることからすれば、それは直感にとって科学一般がそうであるように有意義である。脳科学の主たる目的が心の解明にあることからすれば直感にとってこの科学は他人事ではありえない。直感が自らを知る上でかけがえのない領域である。この逆もまた真であるはずで、脳科学が直感の要素としての非自己領域、とりわけ根源領域になじむなら人類未到の領域は別の方向から脳科学に近づいてくるはずである。具体的に言えば脳科学者が自ら根源領域に支点を置いて脳科学自身を自己領域のものとして捉えることができればということである。

現代文明に伴う諸問題に向き合おうとすれば、すべての領域でこの至難な努めがなされなければならない。現代の諸問題はすでに自己領域を支点にしてでは解決不可能である。その困難さはそこに根源領域が欠けていることにあるのではなく、根源領域の働きが要素自己を支点とする直感主体には気づかれなくなっていることにある。根源領域が気づかれないことは直感にとっては元々正常なことなのだが、単に気づかれないのではなく、要素自己による要素非自己の否定が自己の全肯定の半面として全面に出てきていることが問題なのである。至難とはこのようなありようのことが人間の日常生活に広まってしまったことである。要素自己の専横とはこのような根源的意味を含んでいる。このことは直感にとって何を意味しているかと言えば、直感自身が自らの段階を一つ前に進めなければならないということである。根源領域が埋没したままでは事の解決の不可能な事態が招来されている。人間が根源領域に支点を置くという意味は、自らの根源領域を明るみに出す勇気をもつことであり、そのことに耐えつつ自らの自己領域を見通すことである。そのような姿勢自体が自己領域の活動にブレーキをかけるが、これはその人の根源領域の一部が自己領域へ移行することを意味している。失われていた直感のバランスが回復し、しかも自己領域がその豊かさを深さと広さの二つの次元で増進し、直感主体は自らの段階を前進させる。

一見すれば自己主体と直感主体の関係がそれぞれの進歩と退歩において裏腹な関係にあるのが現代だが、前記したことは心のことに限れば画期的な前進を意味している。

第二部　直感の源流

―現象学と現存在分析―

第一章

現象学誕生とその背景

現象学は二十世紀初頭フッサールによって創始されたが、それは哲学の長い歴史と自然科学の発展の一つの帰結として誕生したと言ってよい。ルネッサンスの波にもまれながら哲学が自らを省みつつ新たに人間の下に集約され、それに連動するようにして自然科学が人間の手と頭脳によって新たな学の試みの展開を示し、長い世紀の連なりがその後のヨーロッパで人間の下で展開した。

それらの展開の元となったキーパーソンがデカルトだった。「われ思う、ゆえにわれ在り」という言葉がそのキーフレーズであった。デカルトにおける「われ」とは人間の神に対する独立宣言と見ることもできる。すべてを懐疑することから始まった彼の試みは確かさとしての表象を自らのものとし、その確かさを更に確かなものとする筋道が自然科学の歩む道を用意した。しかし、この見かけ上の確かさはその確かさの内に神を孕んでいる限りにおいて事態の先伸ばしであることが、その後のヨーロッパ哲学の諸派の展開において少しずつ焙りだされるようにして明らかになってきた。その道筋こそが現象学誕生に向けての進み行きであった。

ニーチェが〈神の死〉を言明したとき起こっていたことは、もはや確かさの裏に貼りつくあいまいさを保つ場がなくなり、人間としての存在の内にあいまいさのすべてが一気に雪崩れ込む事態が現れたと捉えられる。時をおかずしてフッサールがキーパーソンとしてのデカルトの下に回帰し、デカルトが神の蔵にあいまいさを押し込めたまま確かさへの道を走り始めつつ表象の論理を生みだした次第を見いだす。その論理は当然のことながら確かさとしての論理にすぎないが、自然的事物に関する論理としては的確であり、実際自然科学はこの論理に守られて現代にまで営々と進歩、発展をしつづけてきた。背後に隠されたあいまいさは神概念に守られたが、その後の進み行きの大道は人間概念が主流であったから、自然的事物以外の存在に関してはあいまいさを抱えつつ走る苦難の道を運命づけられ、その果てでニーチェが「神は死んだ」と叫ぶことになったとしてもこれらの進み行きを捉えてみれば不思議ではない。実際、デカルトに回帰しつつフッサールが新しい論理を求めて歩み始めたのは、確かさを求める試みの延長線上にあるものであり、確かさとあいまいさの統合を目指すものであったとわかる。彼の『論理学研究』の論述はそのようにして始まった。その要諦はあいまいさを論理の内に含むことに尽きる。新しい論理が求められたのである。

他方、「われ思う、ゆえにわれ在り」のキーフレーズはカント経由で、ヘーゲルにおいて精神の現象をその究極まで追い詰めることに向かわせたが、自然科学がその道をひたすら走りつづけ現代へと巨大な大道を築き上げているのに反し、精神についての確かさの追求はそれとは反対の道に向かって霧の中に消えた様相を見せている。自然科学とは違う新しい論理を求める道はフッサールに担わされたが、その道はそこに至るまでの道の遠さに匹敵する大きさの難題を内に含むこととなっている。その難題とは、そこに至るまでの果てしない道が、過去から連なってきていて自然科学の論理あるいは多くの試みとしての他の論理が錯綜し、あるいは固定化しており、新しい道を切り開くためにはまずもってこの濃い霧を払い退けることが求められることである。この霧は過去から、そして他から寄せてくるものだが、それはまたその霧の内に立つ〈新しい道の探究者〉自らが自らのものとして漂わせる霧でもある。迷い道は探究者自らが自らを迷わせることの内にその本質的な意味がある。難題とはこのことの謂いにほかならない。

〈新しい道の探索者〉が手にするランプは、他から、そして己自身からもたらされる濃い霧を払い退けるためのものだが、このランプの比喩が担うものこそが直感（以下、第一部に合わせて哲学及び現象学的直観概念についても直感と表示する）である。デカルトが蔵にしまってしまった〈われ思うことの余り〉〈われ在ることの余り〉は単に彼が最初に意図的に排除した自然的事物のことではなく、〈確かさとしての思うこと〉〈確かさとしての在ること〉以外のものすべてである。新しい探索者の手にするランプはこれらを照らす。その照らしの比喩が担うものこそが直感である。何もそれはフッサールが最初に手にしたものではなく、デカルト以降、ライプニッツ、パスカル、カントなどからヘーゲルに向けて、それぞれのランプがそれぞれの光具合で照らす歩みを刻んでいる。そのいずれもがデカルトの表象枠から逃れ切ることができなかったのは、その手にするランプがランプであることにふさわしく他を照らすものであったことによると捉えられる。必要なことは他を照らすことと相分ける他の半分の照らしを自らをも照らすことのために残しておくことであり、それが自然的事物のことではなく「われ思う、ゆえにわれ在り」のことであるとすれば、この照らしは内も外も、正確には内を含む外、あるいは外を含む内を照らすことが求められている。フッサールの手にしたランプはこのことを使命として彼固有の道を照らした。直感はそのようなものとして位置づけられ、直感そのものによって自らに光が当てられた。

フッサール現象学の誕生はこのような哲学史の背景に位置づけられる。しかし、フッサール自身が元々哲学者ではなく幾何学者であったことに端的に現れているように、その系譜はそれほど単純ではない。フッサール現象学が精神の革命の学と呼ぶことも可能である背景には、そこに働く数学的要素の重要性は無視できない。彼の初期の主著『論理学研究』にもそれははっきり見て取れる。数学とは論理としての観念の極限であると同時に、「一つ、二つ」と数えることにおいて存在の客観としての極限でもある。フッサールが元々そのような微妙な立場に立っていたことは現象学の誕生を考える上で興味深い。現象学は前記したように主観としての観念の限界を打破すると同時に、存在の客観としての限界も見据えて生まれている。やはりデカルトが出発点であり、「われ思う、ゆえにわれ在り」の言葉の中にこの二つの流れの源はあった。〈われ思う〉という精神としての観念が〈われ在り〉という身体としての存在と密接していることにこの二つの流れの源はあった。「一つ二つ」と数える具体的個別性において、数える当の人間存在を無視できない。ヘーゲル流の精神の観念の難破を避けるためのみならず、存在の客観としての羅針盤の精密性を確保するためにも、存在論的、認識論的再点検が必要になった。直感はこの二つの方向からの要請に応じて正面舞台に上がった。

第二章

フッサールと「事象」

　ここではフッサール現象学の直感のありようを主として本書の趣旨との関連で概略的に、また基本的な部分で捉えておくことにする。本書での直感概念はあえて直感全般に広げてあり、現象学上の直感に限られないばかりか、哲学上の直感、あるいは純粋直感に限られるものではない。そのような直感概念が上記の学問上の直感概念と衝突する時に上がる火花こそが本書にとって貴重な収穫である。

　端的に述べて、フッサール現象学の最大の功績は、前述したように自然的事物と精神的事物を切り離して別々に扱うことなくその全体を一つの現象と捉え、その上で独自の現象学的な世界を切り開いたことと言ってよい。そのこと自体からしてすでに直感が主役として登場したと捉えられる。

　心理学的に述べれば自然的事物と精神的事物を捉える心理作用については知覚概念が与えられる。しかし、この知覚概念が自然的事物と精神的事物の二種の事物のありようにおいてどのようなありようで作用しているかについては明らかにされていない。また他の心理作用としての感覚や思考や想像などがこれら二種のありようの事物を対象とする際にそれぞれどのようなありようで作用しているかについても十分明らかにされていない。自然的事物と精神的事物が別のものと捉えられている限りにおいては、このような不分明さが解消できないことは本論の立場からは自明である。知覚概念がそれを解消しているように見えるが、そもそも知覚とは何かということになれば、もともと別のものとされる自然的事物と精神的事物の下に赴き、そこで働く心理作用のありようを明らかにすることがせいぜい可能なことである。しかし、そのとき知覚概念は自然的事物と精神的事物をそれぞれ別のありようとして捉えている限り不分明なままである。それを補うために他の心理作用、感覚や思考や想像などの作用を召集することが求められる。

知覚自身が自然的事物と精神的事物を共々捉えられるものとするためには知覚自体そのものが何であるかが明確にされる必要がある。現象学的方法としてそれを共に可能にしているのが直感である。直感はこのどちらにも働いている。本論はこの現象学的直感を参考にしつつその足りない部分を補う目的で始まっており、そのことはとりもなおさず「直感とは何か」を明確にし、自然的事物と精神的事物を共に捉えられる心のありかを探ることにほかならない。

直感の側から見れば、特に現象学的立場から見ればとりあえず自然的事物に関しては外部的になじみ、精神的事物については内部的になじむと述べることが可能である。ここでは自然的事物とか精神的事物と述べることに奇妙さが顕著だが、そのことに目をつぶれば今述べたことは誰にも明らかである。直感にとってはそこには微妙ではあるが明らかな差異がある。そうであるにしてもそれらは現象としては一つにつながっていると捉えられる。現象は部分的に焦点を当ててるような仕方はできるにしても、それを部分部分に切り離すことはできない。現象はそれが現在的に存在しつづけている限りにおいては全体を成している。フッサールはその場所に立って、その生涯にわたる研究に取り組んだ。

自然的事物とか精神的事物という呼び方は一般的ではあるが、現象学的用語ではない。後述するハイデッガーの世界内存在という概念においても同様だが、フッサール現象学では内と外が一つにされることにおいて特徴的である。デカルト同様に〈われ思う〉から出発する立場がその方向を決めている。その際現象学においてはこの〈思う〉には単に「思考する」「思惟する」のみならず「意識する」という意味も入ってくる。それも広義の意識であるからフロイトの発見した無意識も入ってくることになる。フッサール現象学ではこのように意識現象から事が始まっている。

デカルトとは違ってフッサール現象学の出発点においては〈われ〉は明確に含意されていないのが特徴である。この意識は非人称のそれとして出発する。そうであればこそそこには内も外もないことになる。内と外を規定するのは〈われ〉によってであるとすればそのことは自明である。

そもそも内とか外とか述べることの意味は何であるかがフッサール現象学との出会いにおいて直感がまずもって直面する問題である。直感にとっては内も外もないというのが端的な結論である。このことの謂いは、直感以外のもの、たとえば感覚や思考や意志や想像にとっては内と外の区別が比較的はっきりしていることを指し示す。たとえば感覚は外との関係がはっきりしている。思考においても自然的事物を思考する時には外としての捉え方がはっきりしている。意志においても外との関係を扱うことにおいてははっきりしている。想像においてはそのほとんどが内のことであることとしてははっきりしている。しかし、直感はどうやら違っている。何が違っているのか。フッサール現象学においては自然的事物、精神的事物はどのようなありようとして捉えられているか。そこでは精神さえ事物化し外のものとなる。

フッサール現象学が超越論的と述べる時、その際の事物は外のものである。だが、そう述べる時の外とは何か。何の外のこととなるか。外から内へとつながり、内から外へとつながる現象全体を視野に入れた捉え方にとって「事物が外にある」と述べることにおける意味は何か。何の外にあることなのか。たとえば内的精神という言葉は成立するか。この言葉は奇妙に見える。精神とは一般的に内のもの以外の何ものでもない。外的精神というものは果たして実際に存在するか。このような言い方が成立するとしてその場合には内と外とは何のこととなるか。フッサール現象学においては内と外の二分的な捉え方はないという言い方をすればそれはどのような意味を含むのか。

このように幾つか問いを投げかけただけで事態ははっきりしなくなる。ここで問題となっている事柄は内と外の区分が明確でないような事態であると捉えることだけはできる。そのような場に直感は位置づけられている。直感はすでに述べた他の心理作用、感覚や思考や意志や想像などとは違って外と呼ばれるものにじかに触れることもできなければ扱うこともできない。同様に内と呼ばれるものをしっかり捉えることもできなければ扱うこともできない。強いてそうしようと思えばそこには直感ではなく感覚や思考や意志や想像などが踊り出てきていて、そこにはもはや直感らしいものの姿は見当たらないこととなる。こうしたことは後述のハイデッガーの項において、たとえば「世界」と呼び「世界性」と呼ぶものとの関連で内的なもの、外的なものという言い方に端的に集約されてくることになる。その際には「世界の内にあること」という命題がキーフレーズとなるが、それでは「世界の外にあること」とは何かという新たな問いが生ずる。

こうしたことの要諦はフッサール概念としての志向性に集約される。外のこととしてあるものがそれ自らにおいて自らを示すことがこちら側の内において捉えられるとすれば、この捉えられた「在るもの」は外のこととも内のこととも言えないと述べることは一つの成り立つ言明である。この言明の内ではっきりしていることは、「外であるものがそれ自らを自らにおいて示す」という言明の内に外性があるということである。ここで述べられている自らという言葉はこちらの側の外にあることが強調されているからである。これが外である。こちらの自らの外にあるもう一つの自らが自らにおいて自らを示すことがあって、それがそうしてあることはそこにこちら側の自らがそこにまた同時にあることによって成り立つと捉えられている。そこに明らかにある外には、〈その外自身が自らにおいて自らを示す〉ことを成り立たせるためにこちらの側の内が同時にあると捉えられている。このような場は内とも言えず外とも言えない。ここで起こっていることが「志向性」と呼ばれ、その働きを進めているものが直感である。直感が内と外を一つにしている。

外的なものと内的なものとは一つには感覚によってつながるが、フッサール現象学ではこの感覚には志向性作用は働かないとされる。この作用においては外的なものは一方的に感覚器官に与えられる。しかし直感は違う。ここには意味作用が加わるとされる。意味によって外と内がつながるとされる。フッサール現象学では志向性と切り離すことのできないものとして意味作用が強調される。したがって認識論として際立っている。前述のデカルトの〈われ思う〉の方向へ偏ることによって主知主義的傾向が強まり、超越論的体系化が進められる。ところで、意味は外にあるものか、内にあるものか。これがフッサール現象学が投げかけている一つの問いである。ここで述べている意味とは表象としての意味ではなく、表象化以前の意味のことであり、あらゆる表象を支える根源的な意味である。その上に知的体系が築かれることになる土台となる生まれたばかりの、あるいは生まれる寸前の意味である。このような根源的な意味は外にあるのか、それともすでに内のものとしてあるのか。しかしこの難問はそう簡単に解くことはできない。それこそが長い時代をかけて過去の哲学が戦ってきた命題である。

再び問題はデカルトに戻ることになる。フッサールによれば、デカルトを遡ってガリレオ・ガリレイにたどりつく。幾何学図形と道具を用いてガイレイが天体の観測を始めた時、根源的意味の問題が浮上した。しかしここにある対象は外的なものに限られている。問題は自然的事物のことになっている。ここでは意味と言うよりも法則と言った方がわかりやすい。それでは法則は外にあるのか、内にあるのか。ガリレイが行なったことが観察であるとすれば法則は外にあることになる。法則は観察から導き出される。しかし、フッサールは言う。観察から離れて幾何学図形が用いられて探求が始まったらどうなるか、と。つまり自然的事物から離れて形式的操作が観察に代わったらどうかということである。これは果たして外のことと述べて済ますことができるものかとフッサールは言う。こうしてガリレイにおいて初めて明確に現実的活動としての数学が新たな装いの下に始動する。その後新たな自然科学的方法が次々と生まれ、以後現在まで延々と発達を遂げてきたことは周知のことである。自然的事物においてはそれでよいとして、それでは精神的事物においてはどうなるか。これがフッサールの投げかける次の問いである。このことの扱いにおいて人類は誤ったとフッサールは述べる。

フッサールは内と外を一つの現象として捉えるが、このことは裏返せばパラドックスが働き、内と外は対等でないと述べるに等しいことになる。自然的事物と精神的事物は対等ではないと捉える。対等でないからこそこの二つは一つの現象としてつながるとされる。フッサールは少なくとも自然的事物を扱うようには精神的事物を扱うことはできないと捉える。幾何学図形や数式は自然的事物に関しては有効に働くとしても、精神的事物の世界における意味や法則についてはそれをそのまま利用することは不適切であると断ずる。自然科学的方法の創始者であるガリレイでさえ最初は目で見て、また感じて、つまり直感によって外に意味や法則を発見したのだと述べる。ましてやその対象が精神的なものであるとすれば、そこにある意味や法則はそれ自身を直感によって捉えるよりほかに方法はありえないとされる。ここにおいて人間の意識は自然的事物より優位に立っていると捉えられている。意識に関する意味や法則は自然的事物のそれのようには捉えられないのはそのためと考える。ここでは捉えるのも捉えられるのも同じ一つの存在に関わっているからである。文字どおり内と外は一体化している。自然的事物を扱う場合にも直感が必要とされるが、精神的事物においては一層それとの関係は密接になるとされる。この直感作用は意味作用である。意味はこちら側にあるとも言えるし、向こう側にあるとも言える。意味は見いだされるものであると同時に見いだすそれ自身でもある。それがフッサール現象学における直感のありようである。

フッサール現象学の直感概念については、以上のような粗描でおおまかな理解は得られる。端的に言って直接的に対象を捉える、あるいは受け取るといったことになる。「捉える」という積極的な構えと「受け取る」という消極的な言葉を同時に並べておく必要がある。最も適切な日本語を探すとすれば「出会う」という言葉がふさわしい。現象学の直感作用における出会いは一種の体験であるが、しかしそれが根源的なものであるがゆえにそこからは人間の要素が希薄化する。

こうした記述に関連するフッサール現象学の特徴は志向性概念における意味作用と直感作用に集約される。その際意味作用が強調されることにおいて主知主義的傾向が際立った特徴となる。ただしそれを補うように感覚の担う役割が用意されているのもう一つの特徴で、感覚作用そのものには志向性は働かないとされながらも、〈対象を直接的に受け取る〉と述べる場合にはこの感覚作用は無視することはできない。フッサール現象学は単に主知主義的であるばかりではなく、感覚の要素が根源的基盤として重視されている。その直感概念に感覚の要素が入ってくるのもまたフッサール現象学の特徴である。本論では直感と感覚の二つの作用については改めて存在論的に捉え直す必要があり、しかも日常的にはこれら二つは共に働いていることは自明であり、それらは層的に働いていると捉える。この問題は次章のハイデッガーの現存在分析論との関連では感情や情動などの作用が感覚とは別の角度から直感との関連で取り上げる必要が出てくる。

フッサール現象学における直感の特徴は、この概念が他の概念と組み合わされて用いられていることである。たとえば感性的直感、範疇的直感、形相的直感、本質直感、哲学的直感などである。このことはいったい何を物語るか。端的に言って現象学が伝統的哲学を否定しつつもそれを継承していることである。フッサール現象学の直感概念については、レヴィナスが「フッサール現象学の直観理論」という著作を残している。レヴィナスは若い頃フッサール及びハイデッガーから現象学を学んだが、その時の博士論文がこの著作であり、その後の彼の思想的出発点になった。この書はレヴィナス経由でサルトルに伝えられ、サルトルの実存哲学の出発点にも影響を与えたとされている。いずれにしてもフッサール現象学、とりわけその直感理論が西欧の近代思想史に及ぼした影響の大きさはこのことからみで知れる。そこには明らかな一つの革新、あえて言えば革命があるのだが、その半面直感そのものについては伝統的哲学とのつながりが目立つ。

方法としての現象学的直感概念についてはともかくとして、直感そのものを了解済みとする傾向はハイデッガーやサルトルにおいていっそう顕著である。ハイデッガーは存在論的思索を主柱とし、他方サルトルは実践的思索を主柱としてそれぞれ独特で膨大な体系を築いているが、本書の立場からはそれらがいずれも結局は「直感とは何か」を述べているように見えてきてしまうのも不思議である。フロイトの発見した無意識概念はその後の精神分析運動を方向づけ思想的革命を導いたと捉えられるが、それを視野に入れると、フッサール現象学の直感概念の扱われ方における革新性と保守性の奇妙な混合はいっそうはっきりしてくる。彼に続くハイデッガーとサルトルの場合にしても、前者の直感概念は存在論的〈闇〉の中に拡散し、後者のそれは革命的〈実践〉の中に拡散しているようにも見えてくる。そのいずれにおいても、直感ははっきり名指しされないまま無力化している。独り精神分析のみが自ら生んだ無意識概念の力によって思想界および人間の実生活に明らかな革命を引き起こしたと捉えられる。

すでに述べたようにフッサール現象学の最大の功績は精神現象と自然現象を一つの現象として捉えたことだが、その要が志向性概念に示される直感作用に光を当てたことであり、またその裏面としての意味作用を掘り出し外界と内界をつないだことにある。現象学において直感概念がそのように根幹的なものでありながら、フロイトにおける無意識概念のような主役の役割を当てがわれなかったことに残る不思議さは、その後現象学が思うように一般化しなかった原因であるかもしれない。この点はフッサールが掲げた本質直感、形相的直感の概念においてもはっきりする。フッサールの代表的著作は初期の『論理学研究』と晩年期の『イデーン』の二つに分かたれ、その間には考え方の深まりや修正があって、専門家以外にはなかなか理解困難な面がある。そのことはそのままフッサールの思想的、学問的展開における苦闘を物語っている。直感概念についてのこのような多様な表現、呼び方には学的厳密さに囚われた、と言うより誕生したばかりの現象学が運命的に担う苦渋が滲んでいる。

レヴィナスによれば、フッサールはとりわけ形相的直感という新たな概念を見いだしたことにおいて偉大な功績があるとされる。その言述によれば、従来あった理念という概念から形相という概念を抜き出したことによって現象学が確立されたと言い換えられる。このことの説明の例として赤色の概念が用いられている。言うまでもなく個別的な赤の実体は無数にある。それを一般化して赤と呼ぶとき赤という一つの理念が現れる。この赤という理念は個別的な無数にある赤の中から生まれてくるのか、それともそれが個別的赤とは別に理念として元々あるものか。この問いを別の視点から問えば、この理念としての赤は内にあるものか外にあるものか、となる。赤という理念が経験的個別性とは別に元々あるものだとすれば、それは内にあるのか外にあるのか。それが無数にある赤の基準とすれば、それは精神内界つまり内にあることになるか。だがそれは元々経験的個別性とは無関係であるとすれば、自然的事物と同様に改めて外から経験をもつよりないことにはならないか。ここにはもはや内とか外と呼ぶのがふさわしくない世界が生じている。フッサールは基準として見いだされる赤の理念を形相と呼び、これを従来呼ばれていた理念から区別した。

ここにはもはや内とか外と呼ぶのがふさわしくない世界が生じている。フッサールが基準として見いだされる赤の理念を形相と呼び、これを従来呼ばれていた理念から区別したとき、形相としての赤には赤の個別性はないものの基準としての実体性はある。他方、理念としての赤には赤の理念が孤立してあるだけである。フッサールはこのことを発見して自らの現象学の礎としたというのがレヴィナスの述べたことである。その際理念の方は幾何学の図形や赤の理念に明らかなように理想化にすぎないとされ、それとの対比で形相概念の実体が明らかにされている。そしてそこで現に働いている直感をフッサール自身は形相的直感と呼び、そう呼ぶことにおいて形相概念の実体性を証拠立てている。基準としての赤を見いだすものとして直感はその役割を担うことになる。しかしなぜここで形相的という修飾語が必要になるのか。形相という概念を従来呼ばれていた理念から区別することは、現象学の立場を明確にするためには欠かすことのできないことであるにしても、そのために直感概念が形相的という修飾語を被らなければならない必然性はどこにあるのか。その問いかけが本書のもつ疑問である。

本書の立場からすれば、そのような働きこそ直感そのものの働きと言える。そこに形相的という修飾語をつける必然性は認められない。形相的直感とは形相を捉える直感のことであるとして何ら不都合はない。ただし、ここで問題となっている形相がレヴィナスの述べるようにフッサールの発見によるものであるとすれば、改めてその発見に働いたものを形相的直感とする意味はある。この点については、ハイデッガーの論述に従えば、形相概念についてはすでに古代ギリシャの哲学が捉えていたものであるとされ、フッサールが新たに発見した概念については範疇概念とし、その際に働いているものについては範疇的直感と呼ぶことで差異がある。ともあれ現象学創始の時点で、形相概念なり範疇概念なりがフッサールによって発見されるなり再発見されるなりしたのである。そこで働いていたものが直感である。直感であればこそそこに潜んでいた一つの実体が捉えられた。それはフロイトが意識の中に潜む無意識の実体を捉えたのと類似している。

赤色の形相は外のものなのか内のものなのか、この問いこそが重要である。個別に目にすることのできる無数の赤を通過して赤色の形相が捉えられると述べれば、この形相としての赤は外のものとなる。あるいは無数の赤を目の前にしたこちら側から形相としての赤が現れるとすれば形相としての赤は内のものとなる。そのどちらもが不適切であることはそのどちらもが外か内かを規定できることにおいて見て取れる。前者の仕方は帰納的な理念のあり方であり、後者の仕方は演繹的な理念のあり方である。それが共に理念で終わっていることにおいて現象学からの断罪は免れがたい。視覚と層を成した働きの中で形相としての赤を見いだすものこそ直感の役割である。これは直感にしてのみ可能となる事柄である。

現存在分析論的に述べれば、現存在は基準としての赤色を既に了解していたということになり、この形相としての赤はアプリオリな意味をもつ。ハイデッガーがフッサールの発見の最終的な功績は志向性概念と範疇的直感と「アプリオリの根源的な意味」の三つであるとしているのは、このあたりのことを述べたものである。いずれにしても、そこで働いているものは直感の働き以外の何ものでもない。フロイトがその臨床体験から無意識を意識から区別して単純化したように、直感を人間の根源的心的機能として単純化することはできないか。そのように扱って何か不都合があるか。これが本書の問題意識であり、この時点で直感の定義を、遅ればせながら改めて「心の根本機能」と規定することとしたい。

根源的心的機能の特徴は、単に形相的直感にとどまるものではない。フッサール現象学のキー概念としての本質直感においても同様である。本書の立場からすれば、本質を見いだそうとする心的作用こそ直感以外の何ものでもない。本質とは理念的なものなのかそれとも経験論的なものなのかと問うことは、とりあえず直感そのものとは何ら関係がない。もしかするとそれは問題の立て方の順序が逆であるということにならないか。直感を議論することによって、本質は本来理念的なものなのか経験論的なものなのかという難問に対する答えが出てくるということはないか。実際レヴィナスの述べるように、フッサールは形相という概念を発見したことによってそれを解決し、またハイデッガーが世界内存在（次章の説明参照）という概念を発見することによってその問題を解決した。そうであるとすれば、直感概念そのものから本質論を展開することもまた可能である。直感の働きが内でもあり外でもあるような場でのものであるとわかれば、すでにしてこの難問は解決している。

フロイトの発見した無意識がすべての精神活動の複雑さを一気に乗り越え、それが臨床の場から離れ、健常者の精神世界ひいては人類の文化や社会現象のことにまで広げられたことを思えば、直感概念の単純化はぜひとも必要な作業である。無意識を意識から区別することの必要性は、精神障害的なものを扱う場で起きてきた問題だが、直感を根源的心的作用として際立たせる必要性は、時代的変化の中で人類共通の課題として迫ってきているものである。そうとすれば、なおさらその主題化の必要性は高い。

フッサールが本質直感と名付ける時、それは自然的事物の側にも対応するし精神的事物にもまた同等に対応する。フッサールが直感を種類分けして呼ぶのは、直感の本質そのものに多様性があるのではなく、直感が働く対象との関係で多様性があると考えるのが当たっている。あるいはこう述べておいた方が、より実体に即している。つまり、フッサール現象学における方法としての直感は、直感の内でも純粋な直感のことである、と。このことについては次章のハイデッガーの項でも触れることになる。しかし、そのように捉える場合にはフッサール現象学における方法としての直感と、一般に哲学概念として使われる直感概念との差異を検討することが必要となる。フッサールは現象学の方法としての直感概念については綿密に検討し、また新しい直感概念を見いだすことにもなっているが、それと既存の直感概念との差異への追及は徹底していない。本書が直感概念を心の根本機能と規定することからすれば、直感は人間の活動のどのような場でも働いていると捉えられる。その際の多様性とはそれぞれの場での働きのありようが違っていることとなる。本書の立場では、「自己」「根源（空無）」「超越」の三要素の補完の仕方が違っていると捉えられている。さらに簡明化すれば、「自己」と他の二要素「根源・超越」との間のバランスのありようによって生じていると捉えられている。次章で触れることになる純粋直感とは、上記の「自己」の要素が希薄になる程度に応じて生じてくる直感のありようのことである。直感のそれぞれの作用の仕方に差異はあるにしても、それが根源的に、あるいは隠れた場で働いていることには変わりはない。そのような働きは心の根本機能としてある。実際、そのような働きを直感と呼ぶのは現に哲学が、また現象学がしてきたことである。必要なことは直感をそのような主知主義的論議や認識論の狭い領域から解放することである。これはほかでもない心の解放のことである。

「本質」は「一にして全体であるべきもの」に根ざしているから、知覚や想像や思考では捉えられず、直接的体験としての直感によってのみ可能である。しかし直感を直接的体験と捉えることではフッサール現象学では慎重である必要がある。その点が正にフッサール現象学、あるいはその直感概念の最大の特徴である。この体験は自然的体験とは異にしている。自然的体験は人間の日常生活ではどこでも起こり誰にでも可能なものだが、フッサールの直感概念では違っていて、それゆえに本質直感が中心に据えられる。

端的に述べれば自然的レベルの体験から始まって（フッサール流に述べれば感性的直感から始まって）、領域という概念の下に、言わば理念的遡及が行われる。このことは前述の赤という現象においても認められる。感覚レベルの直感的体験から始まり、それら未分化なものの一つの集まり（赤という概念の集まりとしての一領域）、さらにその上の領域（色という概念）、あるいはその隣の領域（たとえば紫という概念）といった各領域があり、それぞれに働く直感によって個別的真理が明証化される。それに対応して既に述べた形相的真理もまた直感によって明証化されていく。その過程において重要な働きをなしているのが本質直感とされる。問題なのは、繰り返しになるがこのような作業において形相とか本質と呼ばれるものは従来的な意味での理念に属するのか、それとも経験に属するものかということである。

レヴィナスはフッサール現象学の直感論を書いた時点では、この問題についてはフッサール自身の明言がないと述べて結論を先伸ばしにしている。もし仮に形相とか本質が一方的に経験的なものに結びつくとすれば、超越論を目指す現象学の独自性はなくなる。ハイデッガーはこの点にフッサール現象学の限界を捉えて現存在分析論への独自の歩みを始める。ともあれフッサール現象学はこの問題をそれ相応に克服し、二方向が一つの方向になるような地平に立つことによって超越論を確立した。この問題は、現象学にとっては自らの学の存亡に関わる重要なものだが、もともと経験から出発している本書にとってはそれはどちらでもよい。内とも言えるし外とも言えるような新たな地平が見えてきている現象さえはっきり捉えられればそれで用は足りる。人は外界の物を目にして、そのことであれこれ考える現象そのものの存在については何ら疑いをもたない。それと同じで、内とも外とも分かちがたい状態で直感が意味を捉えることについても、それが経験として自ら自覚できる限りにおいて誰も疑問をもたない。それが本書の基本的立場である。

ただここではっきりさせておく必要のあることは、フッサール現象学は対象とのこのような関係に直感のありようを特徴づけるが、フッサールは基本的には自然的体験の側に立つのではもちろんない（むしろそのような態度とは厳しく一線を画す）ことである。フッサールは最終的には形相的体験の側に立っている。赤という形相が捉えられる、あるいはあらかじめ与えられているということが現象として成立しているとすれば、形相的体験という述べ方はそれほど奇異ではない。自然的態度からすれば個別的体験が形相的体験を成り立たせていると考えるのが一般的だが、フッサール現象学ではこの点は逆転している。それはまた現存在分析論の立場でもある。形相は与えられる、あるいはあらかじめ与えられているという立場を取ればそのような述べ方はむしろ必然である。前記したアプリオリの根源的意味とはこのことにほかならない。

形相的直感によって捉えられた形相的真理の方を自然的体験（感性的直感）によって得られた個別的真理に優先させ、前者によって後者は支えられているとされる。このような意識のありようが絶対的意識とされ、自然的意識からはっきりと区別される。これもまた現存在分析論の立場と差異はない。世界性はアプリオリにあり、日常の意識はそれに基礎づけられているとするのが現存在分析論の基本的立場である。ハイデッガーがフッサールと袂を分かったのは、フッサールが最後の場で現象学の諸々の概念を固定化し、従来の学の圏域に回帰したからである。人はこのことを捉えて数学的論理のような純粋論理をそこに見てとりその主知主義的偏りを非難することになるが、レヴィナスによればその非難は不当で、フッサールの理論は直感概念によって現象を捉える立場に立つ限りにおいて現象とのつながりは切られることはないと述べている。しかし、レヴィナスは他方でフッサール現象学の抱える主知主義的傾向への過ちも指摘する。それは純粋論理に飛躍したからではなく、直感概念を意味付与作用として偏向させたことの批判である。それはハイデッガーがフッサールから別れた経緯と重なるものである。

次章ではそのことについて触れることになるが、すでに述べたように直感は意味との関連が主であるとは言えない。それが人間の根源的心的作用であり心の根本機能であるとすれば、たとえば情緒や意志などとの関連もまた同等に取り上げる必要がある（もちろんフッサールもまた現象としてそれに言及はしているが、それに勝って意味付与作用の方に偏り、むしろ意味付与との関連で情緒や意志が取り上げられるといった傾向がある)。ハイデッガーは現存在分析論においてそのことを独自に追求することになる。

現象学的試みとは無数の領域で直感を働かせることによって、真理の担保としての明証を確認しつづける作業と言ってよい。前述したようにフッサール自身は形相的真理の側に立ち、言ってみれば直感による個別的な確認作業は他者に委託する立場に立つ。それも当然で領域の無数性からすればそうならざるをえず、現象学がその個々の領域に立ち合うことは不可能である。実際フッサール現象学の野望は事実の学としての他の諸学問の上に立ち統治すること、あるいは逆にそれら諸学問の基底にあってそれらを支えることであるとされる。諸々の事実の中にすでにしてその本質はあり、事実の最下層の領域の事実にもまたすでにして本質は宿っているとフッサール流直感は捉える。換言すればフッサール現象学においては事実学に対して本質学が直感によって目指されている。フッサール現象学の中心概念である判断中止(エポケー)や現象学的還元にはそこで使用される直感のありようが端的に示されている。いずれも自然的態度、つまり主体が歴史的に時間・空間的存在として生きる態度を一時的に中断し、そこに純粋な意識状態を導くことが眼目になっている。実際直感の本質とは正にこの純粋な意識状態のことを指すものである。そのように狭く限定すればこれは一つの技法となる。しかし日常的な生活において実際に働く直感はこのような概念にはなじまないことも自明である。人間の日常生活とは時間・空間的存在として生きる以外の何ものでもないからである。

フッサール現象学の直感は学としての意図を働かしてそこに特別な「意識の場」を生じさせ、すべての事象を自然的事物も精神的事物も丸ごとひっくるめて(論述がここまで進んでくれば、このような二様の述べ方の違和感が目立ってくるが)その純粋な場で捉えなおすことである。それが現象学的方法の基本である。ハイデッガーが現存在分析論を執筆したのもこの方法によってである。その『存在と時間』の著書の冒頭でフッサールへの献辞を掲げていることにはそのような意味も含まれているだろう。

フッサール自身は直感を簡潔に「原的に与える働きをするもの」と説明する。「原的」とは換言すれば「直接的あるいは開示的体験」と言っておいてよい。「与える」とはフッサール自身「いかなる先入観もなしに」と厳密化している。つまりこちらから与えるものは一切なく、事象の方から与えられるのを待つ、あるいは迎え待つと言っておいてそれほど誤差はない。そしてそのような直感の働く対象に応じて本質直感、感性的直感、範疇的直感、形相的直感等各種の呼ばれ方がなされる。現象学のもつ超越論的な立場が強調される時には、この方法は一層純化されて用いられる。フッサール現象学における直感はこのようにその働く対象との関係でさまざまな呼び方をされるが、それに伴って直感の働きようが変わることもはっきりしている。たとえば感性的直感においては感覚と直感の相互の関係で直感の働きは変わる。また逆に理念と呼ばれるような対象と共に働く直感はまたその独自の働き方をする。そこでは思考と直感の相互関係のことを考慮してみなくてはならない。

こう考えてくると一口に心的作用ということで直感を他の心的作用と並べることの適合性を検討してみる必要性が見えてくる。今述べた感覚や思考だけを取り上げてみても直感をその両者と並べてみれば、その異質性もはっきりしている。感覚は対象を受け取ることにおいて、その受け取る器官が目だとか耳だとかはっきりしているが、直感はそうではない。また、思考にしてもその作用は人自らその実在を確認できるが（デカルトが懐疑主義の最後の砦として思考を掲げたことにも明らかである）、直感についてははっきりしない。直感のもつこの異質性は何か。本書の第一部で論じたことは、そのことの一環である。

現象学は元々経験論的心理学とは相入れない立場に立っている。事実学としての心理学と人間精神を超越論的に捉え直す現象学とは別である。このことからして心理学と現象学との間で心的作用一般の捉え方に溝が生まれてくるのは必然である。直感も心的作用の一つであるとすれば、この概念もまたこの溝に投げ込まれることになる。現象学の立場では直感概念の心的作用としての実在性が希薄化し、形式化、枠組み化し、ただでさえ透明な概念である直感はますます透明化する。フッサールが直感概念の修飾語として本質や形相や感覚などさまざまな言葉をかぶせるのはこのような事情と無縁ではないだろう。またそのことがその直感概念を特殊化し、前述のようにフロイト概念の無意識の歩む道とは別の展開をもたらし、世に広く一般化しなかった理由であろう。

第三章　ハイデッガーと「根源」

学のためにのみ直感を方法として選んだ現象学の源泉から、その後いくつかの水脈が別の方向に流れたのも歴史の必然である。その第一のものは、ある時期までフッサールの後継者としてフッサール自身によっても認められていたハイッデーガーの現存在分析論である。ハイデッガーがフッサールと袂を分かったのは、前章で触れたとおり途中から基本部分での意見の相違が明らかになったからで、これも一つの必然である。フッサールが自らの学の確立のために切り捨てた「人間のもつ自然的態度」、「日常性との関連での存在論」が、ハイデッガーにとっては逆に現存在（現にあるものとしての人間のありよう）の追求のためには不可欠なものであったからで、彼はその方向に自らの思索を深めて行った。その結実が主著『存在と時間』である。本書にとっては、『存在と時間』に限らずその全著作は極めて示唆に富むものであり、それらを現存在分析論として一括することができる。

ハイデッガーの特徴は、フッサールが超越論として理念の方に向けて歩んだのとは対照的であり、人間の日常生活の根源に向けて歩んだことにある。フッサールの歩みを認識論と位置づければ、ハイデッガーの方の歩みは存在論と位置づけられる。フッサールにおいては、過去の諸学に対して批判的、革新的、あるいは革命的とも言えるような特徴が際立っているが、ハイデッガーにおいては、そのような特徴が認められるにしても、どちらかと言えば従来の伝統的哲学を現象学的方法に従いながら捉え直したといった特徴が前面に出ている。ハイデッガーの現存在分析論によって従来の哲学は深まりにおいても広がりにおいても極められた観を呈している。従来の哲学の王道である日常性に沿う方法に加えて現象学的方法が取り入れられ、その結果存在論についての顕著な新しい発見が導かれた。

本書にとって現存在分析論が極めて重要になる理由は前記のような事情にあるが、とりわけ存在論が日常性との関連で深められ広められたことにある。心理学が主題とするものの根源の部分に、現象学的あるいは哲学的方法のメスが入れられている。このことはフッサールのテーマでもあったわけだが、彼の場合はその方向への寄り道を小さくし、本来の認識論の方に舵を取っている。将来直感学あるいは直感心理学という領域が必要になることがあるとすれば、その出発点は現存在分析論に帰せられることになるだろう。

ハイデッガーは、フッサールのように直感を方法として点検することにはあまりこだわりを見せていない。と言っても、フッサールも直感にさまざまな修飾語をかぶせ、直感概念について考察を進めているが、直感そのものにそれほど深い検討を加えたわけではない。二人とも伝統的な哲学概念としての直感解釈に従っており、ハイデッガーの場合は、カントの『純粋理性批判』の解釈においてその純粋直感の分析を深める方向で直感を取り上げている。直感自身に光を当てることへの関心がこの二人の偉大な思索家に共通に目立たなかったのは、本書にとっては不思議でさえある。直感が単純な心理作用でないことは、既述したように現象学と前後して生まれた精神分析論の根本概念である無意識と密接であることを思えば自明である。存在論としても認識論としても哲学あるいは現象学の根本概念である直感概念に、この二人が深く関わらずに通り過ぎてしまうことにはいったいどのような背景があるのか、そのことが問われる。

ハイデッガーが『存在と時間』で直感について触れている部分に以下のような箇所がある。第一編第五章第三六節の「好奇心」という主題における記述である。ハイデッガーの理論では、その特徴的な言葉は一つひとつ概念規定がされていてそのまま取り出すのは誤解を避けられないが、この「好奇心」という言葉もその一つである。しかしこの言葉は心理学的にも日常的にも一般的だから、そのような解釈でも誤差は少ない。ハイデッガーの理論が日常性と密接していることはこのような面にも窺える。しかしこの「好奇心」は、単純に人間の一つの心理ではもちろんない。これとの関連で現存在分析論の基本概念である「世界内存在」（現存在の根本的ありよう）と「開示性」（根源的な存在了解の場としての明るみ）が引き合いに出される。そして、「明るみ」という言葉と関連し、「視（ジヒト）」という概念が記述される。これも日常的な「見る」という言葉に重なる。人間のもつ五つの感覚の内の主人役としてそれは位置づけられる。つまり感覚作用を代表するものとして「見る」が位置付けられ、それはさらに「見留める」という言葉への広がりももつ。この「見留める」は単に「見る」ことから「認める」の意味に近づく。これに関連してアリストテレスの論文集の冒頭の命題文が引き出される。「すべての人間は自然本性上、見る（知る）ことを欲する」（引用については辻村訳と桑木訳を参考にして筆者が分かりやすくまとめた。訳が二様あるものについては参考として括弧書きで補った。以下同じ）という命題で、これに触れてハイデッガーは「人間の存在（有）の内には本質上、見る（知る）ことの関心（慮）が存している」と述べる。さらにハイデッガーは、「学問の起源を実存論的に解するこのようなギリシャ的解釈は、パルメニデスの『思考することと（思考）と有ること（存在）とは同じである』という命題においてあらかじめ輪郭づけられていたことが了解される。」と述べ、そしていよいよ直感概念が登場する。以下そのまま引用する。

存在（有）とは、純粋に直観的に認める「見留める」（認取する）働きにおいてそれ自身を示すことであり、このように見る（知る）ことだけが、存在（有）を見いだす。〈根源的で真正な真理（真性）は、純粋な直観の内にひそんでいる〉というこのテーゼはその後ずっと、ヨーロッパ哲学（西洋哲学）の基本となっている。ヘーゲルの弁証法も、このテーゼのなかに動機をもっていて、またこれに基づいてだけ可能になる。

この記述で直感概念は前記の西洋哲学の基本とされる命題において最高の位置に置かれ、そのことの是非やそれがどのようなものであるかはいわば自明のこととして取り扱われている。ただ、「純粋な直感」と述べていることからもわかるとおり、この概念を不純なものと純粋なものと分けている。だが、これはハイデッガー独りのものではなく、たとえばカントが純粋直感をすでに主題化している。しかし、そのように直感には〈純粋なもの〉と〈不純なもの〉があり、しかも直感概念がそのように西洋哲学にとって根本概念であるとすれば、なぜハイデッガーはこの概念の吟味、つまり純粋と不純の区分の観点から考察を進めなかったのか。

この引用文では、直感概念は「好奇心」という極めて日常的な言葉と関連して述べられ、人間の心理としては極めて日常的な感覚の問題に触れている。さらに感覚の代表として「見る」を取り上げ、それとの関連で論述が進む。「好奇心」という日常的な心理が「見る」という日常的心理との関連で点検され、また、西洋哲学の伝統的概念として直感を存在論と認識論の接点として取り上げる。その文体にハイデッガーの「直感の捉え方」が端的に現れている。その点はフッサールの「直感の捉え方」と重なるもので、ハイデッガー独自のものをそこに見いだすわけではないが、現存在分析論全体が直感問題に重なっていく契機がこのあたりに見て取れる。以下、その点に焦点をしぼって、しばらく現存在分析論を直感との関連で捉える作業を続ける。

フッサール現象学の最大の特徴は、前章で述べたように〈精神内界の現象〉と〈外界の現象〉とを共に一つの現象として捉えたことにあるが、一方、ハイデッガーの現存在分析論における最大の特徴は、フッサール現象学を基礎にして存在を日常性と非日常性の二つの視点から捉え、その二領域で起こる現象を一つの現象として捉えたことにある。そう述べればこの二人の偉大な思想家によって、「世界」は初めて全体として一つの現象にまとめ上げる見通しが立てられたと言うことが可能である。とりわけ後者は人間が本質的に日常性の内に存在していることを考えれば、これを従来の存在論と結び付け、そこに新たな実存論的世界を導き寄せたことにおいて重要な意味をもつ。従来の伝統的な哲学は、王道として日常性から出発して存在論的世界に深くもぐっていくが、そこに見えてくる世界は結果として日常性から解離したものになってくるという皮肉なパラドックスが浮上する。現象学的方法はこのパラドックスを解決したと述べることも可能である。そしてこのことはとりわけ本書にとって重要である。その最大の理由は、直感概念そのものが人間生活のあらゆる場で根源的に、しかも日常的に働いている心理作用であると捉えられることにある。しかもそれがあまりにも根源的であり、また同時に日常的であることから当の人間自身によって省みられることが甚だ少ない状況で現在に至っていることにある。日常生活における直感が未反省なままなのは、直感自身が反省になじまないことにもよるが、反省を学の方法とする哲学自身に直感概念の吟味を欠いていることからすると、直感はまずもって心の盲点と呼んでおいてよい。

直感概念の前記のような扱われ方は、従来人間の思索において日常性と非日常性が別々に扱われてきた事情による面も大きい。日常的思考と非日常的思考は相入れないまま現代に至っている。思考一般は前者に属するが、後者は哲学など特定な学問に特徴的である。一般人にとって哲学者は敬遠されるか煙たく扱われるか、あるいは変人扱いされるのがこれまでの過去の歴史において特徴的であった。思考のもつこの二面性は、こうしたことに端的に現れている。これは単に、深く意識化した人間の思考とそうでない人間の思考との懸隔といったものではない。その差は単なる程度の問題と済ませるものではなく、その人の生き方そのものと関連している。

現存在分析論はこの両側面から迫る。その際の主題は共に現存在そのものだが、現存在が〈現に今あるものとしての人間〉のことであればこそ、この二面性は、非日常性を隠してしまう日常性でもありうるし、また逆に日常性が隠してしまう非日常性でもありうる。現存在分析論の拠って立つところの現象学的方法は、この両方を同時にその視野に置いている。と言っても、この二つが一筋縄でいかないこともはっきりしていて、ハイデッガーはまずもって従来の哲学の倣いに従って非日常的思索を展開する。『存在と時間』の目次だけを見てもこのことは明らかである。

論述は存在の意味への問いから始まり、最初から日常的思考からは離れる。次いで現象学的方法について述べられるが、これも日常的な思考とは別のものである。次いで現存在概念が持ち出されるが、それは、現にあるがままの人間のありようを現象として取り上げたもののことだから、日常的な人間の話ではない。そこでは「世界」（現存在のありようとしてすでにある世界）が主題化され、その意味が問われる。「世界内存在」（前記の世界のもとにある存在という別名が現存在にも与えられる。また「世界性」というハイデッガー独特の概念が登場する。次いでこの概念と関連して「適在性」とか「有意義性」という概念（現存在が出会う物のもつ世界との関係性）が出される。そしていよいよ存在そのものの思索に入るが、そのために「目の前存在」（対象化される事物）とか「手元存在」（道具としての物）といった新たな存在概念が持ち出され、これはいよいよ日常的思考の世界のことではない。以上が『存在と時間』の前半部分である。そのような予備的な準備を済ませて、いよいよ人間の日常的世界に近づいていく。現存在分析論のもつ本当の独自性はここから展開する。なぜならハイデッガーは従来の哲学やフッサール現象学が扱った主題からは離れ、気分とか情緒といった人間心理としてはあいまいで捉えどころのない領域にむしろ積極的に近づいていくからである。

ハイデッガーは現象学の示す方法に忠実に従って、〈現に今ある存在〉としての人間の状態から出発する。その根源的ありようとしての状態を「情態性」という概念で呼ぶ。「情態性」と名付けることにおいて、この世界はなお非日常的世界だが、そのことを気分として説明し始めることにおいて日常性に近づいている。実際、そのあとハイデッガーが持ち出す概念は日常性そのものの言葉が多くなる。すでに触れた「好奇心」もその一つであるし、「おしゃべり」「あいまいさ」「不安」「恐れ」などなど、日常の心理そのままの表現が続く。その記述も言葉も終始平易である。内容も他人事ではなく誰もが日常的に体験していることである。ところがその真意となれば、注意深く読まなければなかなか捉えにくいことも事実である。霧に包まれる難解さが同居している。意識化されていない日常性が書かれているせいか、日常性と非日常性が交錯するその文体は特異なものである。人によってはそこに文学的表現を感じ取るかもしれないし、あるいは何やら偉い人が小難しいことについておしゃべりをしていると受け取るかもしれない。親しみは湧くにしてもお経かおまじないのような言葉が次々と出てくると感じる人もいるかもしれない。日常性と非日常性の混合体とも呼べるその文体は現象学的方法に忠実に従うことによってもたらされているとすれば、現象学的文体と呼ぶこともでき、正確で緻密である。換言すれば開かれた「明かるみ」がそこに常にある。同時に足が地にしっかりと着いていて舞い上がってしまうことがない。現象を見据えて迷うこともたじろぐこともない。しかしここで働く直感は、常に知の方向へ傾いている。難解さはどうやらそこから生まれている。「情態性」「気分」「不安」といった言葉が一見文学的雰囲気を漂わせて読む者の心を引き寄せるが、知がその雰囲気を押さえつけているように見える。この論述は、この点で日常的な生活に浸る人びとにおいては縁遠いものとなっている。それが『存在と時間』という著書の一つの限界のように見えてくる。少なくともこの著書は二度、それもかなりの時間的経過を置いて、しかも精読することなしにはその世界に入ることは難しい。そのように考えると精神分析論が意識と無意識の間に横たわる大きな溝をその後の展開で解消し、本来難解なものであるはずの無意識概念を広く一般化することに成功したことが奇跡のようにも思えてくる。

現存在分析論は日常性と非日常性の二領域に向けて、その困難な進み行きをその独特な文体で続ける。日常性の方に積極的に歩み寄ることもする。精神分析論が、逆に神経症や精神病など非日常性と深く関わって行ったのとは対比的である。精神分析論は、非日常性と深く関わることによって無意識概念を見いだし、自らそこで発見した理論に忠実に従うことによってその作業を継続し、その結果、無意識概念を日常性と結びつけることに成功した。その過程で、理論と実践との間に隔たりが出てきた。

このような精神分析論の発展の跡を辿れば、フッサール現象学が直感概念に光を当て、それを方法の根幹に据えて新しい学の確立を図ったこととのアナロジーが浮上する。ハイデッガーがフッサール現象学を継承し独自に存在論的な方向へその展開を深めたことは、このアナロジーの延長線上にある。だが、フッサールもハイデッガーも共に直感を方法として取り上げ、その理論に忠実に従っているにもかかわらず、方法としての直感に精神分析論が無意識概念に与えているほどの地位は与えていない。無意識概念と直感概念のアナロジーはアナロジーでありながら、二つの間に明確な差異を刻印している。

精神分析論は神経症や精神病の治療行為を進めるのと並行して無意識概念を見いだし、それに主役の座を与えた。また、現象学と現存在分析論の二つの記念碑的な研究は、一方は画期的な学の確立に取り組みそれを果たし、また他方は存在論を根底からやり直す作業に取り組みそれを果たした。ただついになされなかったのは、そこで使用された直感概念を単に学の枠内にとどまらせず、それを越えて主役の座に据えることであった。

この点については以下の事情も働いている。つまり、精神分析論においてはその作業は分析者一人のものではなく、そこには患者が必ずいて、状況は元々二者関係の中にあったということである。現象学や現存在分析論の試みの場合は、この点が精神分析論とは基本的に違う。現象学の対象となる多様な現象は、現象学的な厳密さからすれば対象と呼べるものではない。また現存在分析論の場合は、存在論であることから一層その傾向は大きい。精神分析論が無意識概念をはっきり主役の座に据えることに成功したのは、元々その場が治療者と患者の二者関係の下にあったことによる面も大きい。治療者と患者という二人の力が合わさった結果、「無意識」という前人未踏の地を占拠することができた。もし仮に「無意識」に対しての精神分析の場が現象学や現存在分析論のように一人の人間の単独の力による状況であったとすれば、無意識概念は果たして主役の座に引き出されたかどうかは疑問である。精神の病みが主題とされるにしても、それが「病み」のことであれば一層難しかったはずである。「無意識」にふさわしい闇と泥沼がその前方に待ち受けていたであろう。現象学と現存在分析論が精神分析論との間に一種のアナロジーを潜ませながらも直感概念を無意識概念ほどには明確化できなかったことには、このような事情が働いていると想定できる。

ハイデッガーは自ら『存在と時間』の中で現存在分析論を「当面の基礎存在論的な調査研究」と位置づけている。その態度はフッサールが現象学を「諸学を支える、あるいはそれらを統一するもの」として位置づけた態度と似ている。ハイデッガーは日常性と非日常性の橋渡しをする基礎的な役割を現存在分析論に課し、フッサールは過去の諸学を現象学的方法によって（つまり精神世界と自然的事物の世界を統一する視点を方法にして）点検しなおすための理念的役割を自らに課した。どちらもとりあえず出発のための見通しを立てその端緒についたわけだが、その各論とも呼ぶべき作業は後世に託されたことになっている。ところがその方法とされる直感概念が依然として闇の中にあるために、その進み行きは当初の設計どおりに行っていないというのが現状である。実際、日常性と非日常性の間の溝は今なお依然として深くて広いと言わなければならない。ここにきて時代の発展の著しい変化と対応し、この溝は大きな障害として次第にその存在を明確にしてきている。ハイデッガーが『存在と時間』の中で記した足跡はあたかも月面に残した人間の足跡のように凍ったままの様相を呈している。

ハイデッガーは日常性と非日常性を一貫させるためのキーワードをはっきりとその著書に残している。すでにその幾つかについては触れたが、その中で重要なものは「不安」と「関心」という概念である。単に「不安」と「関心」と述べれば、これはすでにして日常的世界のことになる。そのように捉えることについてハイデッガーはそれを是とする。フッサールが自らの使用する概念について厳密化し、神経質なほどに自らの理論の誤解を恐れて注文をつけるのとは好対照を示す。ハイデッガーは、日常的な生活をする人びとが感じる不安や彼らが見せる関心こそ存在論的、実存論的にみた根源的不安や根源的関心の現れと捉える。もちろんその間に横たわる溝の深さや広さも十分に自覚した上でのことである。しかし、日常的な生活をする人びとの「不安」や「関心」は瞑想者や哲学者がもつ「不安」や「関心」とは別のものではなく、その現れは違うにしても根はつながっているとハイデッガーは述べる。前述の精神分析論とのアナロジーに関連づけて述べれば、フロイトが取り扱った患者の抱く「不安」や「関心」が瞑想者や哲学者の抱く「不安」や「関心」と一致するところはないかという問題になる。フロイトの発見した〈意識と無意識の差異〉と現存在分析論における〈日常性と非日常性の独特な関係（一方が他の前提とされながらも両者の間の懸隔が大きいという関係）〉とはどのような対比的関係をその構造の内に含むか。

ハイデッガーが自らの果たすべき役割を基礎存在論的なものに限定せざるをえなかった理由はこのあたりのことを示している。一方で日常性と非日常性はまったく別のものではない明証性が得られているにもかかわらず、それでもそのように単純にそのことを主張できない背景とは何か。現存在分析論に関連して本書の直感がそれ自身を捉えるために目指さなければならない主題はこのことに集約されている。それはハイデッガーがその著書によってわれわれ現代人に突き付けている一つの大きな課題である。日常性と非日常性の関係を直感との関連で捉える視点が求められている。ハイデッガーが切り開いた現存在分析論を参考にして、それをさらに深めることが必要である。そもそも直感は日常性になじむのか、それとも非日常性になじむのか。

現存在分析論によれば日常性と非日常性を統一する概念例として「不安」と「関心」が挙げられているが、この二つの概念は存在論的、実存論的に捉えれば非日常性になじむことになる。そのように捉えられた「不安」は根源的で深いものである。この根源的な不安は日常的な世界でもなくなりはしないが、後ろに退き定かでなくなる。現存在分析論的に述べれば、現存在のありようとしてもともとこの不安は定かでないのが特質で、日常性の中でもその特質は一貫している。現存在とは現に今ある状態として、〈自分に先立ってある世界の中でのありよう〉を自らに課していることであり、それゆえに根源的不安を自らのものとしている。現存在が日常性の中に転じて行ってもこのことに変わりはなく、この根源的不安の下での現存在としてのありようを示す。それでは日常性の中で陽気に楽しんでいるときには、この現存在に本来的にあるはずのそのような不安はどうなっているか。すぐにでもそのような疑問が生じてくる。前述の日常性と非日常性との間の溝の深さとはこのことにほかならない。この溝を越える時「不安」と呼ばれる現存在のありようは陽気で楽しいというありように変わりうるということを示しているか。

現存在分析論は現存在のそのような日常性への変化を「頽落」という概念で説明する。本来的でないありようとして「非本来性」とも呼ぶ。本来的なものであった「不安」が非本来的なありようとして陽気で楽しいという現れ方を示すことになるか。この深い溝はパラドックスを生む。このような文脈の内に直感概念を置いてみれば、そこにどのような光景が見えてくるか。と言うよりも直感こそがそこで鍵となる役割を果たしていないか。そのような根源的な不安を感じ取れるものは直感以外にはない。そうとすれば直感は非日常性になじむことになる。本来的であることが直感の特徴となる。それが直接ということの意味になる。それでは日常性との関連では直感は舞台から退き、陽気に楽しむような現存在のありようでは直感の役割はなくなると言えるか。

陽気に楽しむということになれば、心理学的には感情の出番ということになる。しかしこのような表現にはトートロジーが働いている。陽気に楽しむということを感情と結びつけるのは表現の違うものをただ重ねていることに近い。陽気に楽しむという感情が現れたと言った方がこの現象に即している。それではこの陽気に楽しむという感情はどのようにして現れるか。たとえば音楽を聴いて踊っているからとすれば、これはトートロジーとは言えないにしても、どこかそれに似て表面をかすめるような頼りなさがある。音楽を聴いて踊ってみても少しも陽気になれない人がいたとすればどうか。かえって気分が落ち込んできたとしたらどうか。音楽を聴いて踊っていて陽気になってきたという現存在のありようを支えているのは、別の何かか。

現存在分析論はこのような現象を捉えて根源的な不安を現存在のありようの根源に見ている。本来的なありようとしての不安概念は日常性の中に現れる陽気な楽しさを支えていると捉える。陽気に楽しむありようだけを捉えるだけではすまない現象がそこにあるとすれば、それを捉えるのはやはり直感にしかできないことである。

ここにあるのは共感とか理解とか言うようなものではない。陽気に楽しむ姿に共感はできても、それを支える根源的不安もまた捉えるような状況では、共感という心理作用は成立しない。ましてや理解ということになれば、そこにはもはや陽気な楽しさも姿を消してしまう。隠れているものを現象として捉えるのもまた直感固有の役割である。このような作用もまた直接ということの一つのありようである。

隠されたものと直接結びつくことのできるのは直感の働き以外にない。直感はこうして日常性においても、その状況になじんでいる。パラドキシカルな溝を越えて現象の背後をつく。直感は非日常性、日常性を通じて一貫している。現存在分析論が見いだした現存在の根源的ありようの一つとしての「不安」がこのことを証している。「不安」と直感の関連は単に今述べたような意味があるだけではないかもしれない。直感自身この根源的不安に支えられている可能性がある。純、不純と分けて純粋な直感ということであればいっそうこの根源的不安と密接しているはずである。そのような場で直感は研ぎ澄まされ、逆にそのような「不安」から遠ざかるときには直感の働きは鈍くなり、それ自身不純になる。

現存在分析論はそのことをもう一つの根源的概念である「関心」との関連で論ずる。先程の陽気な楽しみという現象は根源的不安からの逃避という捉え方も可能である。この日常性への逃げ込みというのは現存在分析論の特徴的な捉え方でもあり、既に述べたように「頽落」という概念はこのような捉え方に沿っている。そのような見方からすれば日常性においては直感が鈍くなるなり不純になるとする見方も分かりやすい。だがそうであっても直感は日常性の中で自ら固有の役割をもっていることは既に述べた。直感は日常性の中にあって現象がその根っこの部分とつながりつづける任務を担っていると捉えられる。日常性の現象は直感の働きそのものによってその根源的現象から起こってきていると言ってよいかもしれない。このことに関して現存在分析論が見いだしているのが「関心」という概念である。

現存在の根源的ありようの一つには、これまで述べた「不安（情態性の根源的ありよう）」があるが、他方には了解の働きの根源的ありようとしての「関心」がある。このあたりの現存在分析論の論述は、フッサール現象学の基本概念である志向性概念に類似している。志向性概念において直感作用と意味作用を並べるのに似ている。ただし、現存在分析論では「情態性」という一種の気分を独立して取り上げていることにその独自性と前進があることはすでに触れた。「関心」という言葉はごく一般的なものだが、これもまた「不安」と同様、日常性と非日常性（非本来性と本来性）の間の深い溝を境にしてこちら側と向こう側とではその装いも内容も大きく異にしている。それでいてこの両者は別のものではなく、やはり連なっているものと捉えるのが現存在分析論の立場である。その溝を境にしてまるっきり違うように見えてしまうのは、「不安」の場合と同様である。なぜそうなってしまうかという問いかけには、この「関心」の方でよりはっきりした解答が得られる。

不安ということであれば、その不安は誰の感ずる不安なのかということが問題になる。これまでの考察でそのことを明らかにしなくてもそれほど支障がなかったのは、情態性の一つとしての不安状態は、根源的なものに近づけば近づくほど現存在のありようとしてただそこにあるありようをしているからと言っておいてよい。言い換えれば、この深い溝の根源の側の領域では、主体とか自我とかがあいまい化する、あるいは消滅してしまう事態がそこに開けている。その不安は誰の不安かと問われれば現存在の不安と言うよりないが、元々これは誰のものでもない。あえて言えばそこに漂う不安という情態にすぎないこととなる。

この問題は「関心」の方では別の方向に向けて先鋭化する。「関心」は「不安」とは違ってよりはっきりした心の働きと言えるし、何よりも「不安」が受動的であるのに対して、「関心」は積極的姿勢を現すからである。積極的であれば、いよいよそれは誰のことかと言いたくなるのは当然である。日本語の「関心」の文字どおりの意味が心を関わらせることだとすれば、ますます心を関わらせるのは誰なのかと言いたくなる。だがそうであるにしても、ここに横たわる深い溝はそれが誰であるかを示すことにおいて拒否的である。それはやはり現存在のありようとしての「関心」という状態なのだと表現するのが一番ふさわしい。それが現存在分析論の立場である。根源の場では「関心」というありようがいわば素裸のままでまずもってそこにある。それが現存在のありようである。「関心」という言葉がその主体を求めやすければ求めやすいほど、ここでは「関心」の主体について厳密であることが必要である。「関心」というありようが現存在のありようとしてそこにある。あえてそこに「関心」の主体を探すのであれば、現存在が自らに抱く「関心」と言っておけばそこで起こっている現象に近付いている。現存在分析論の立場からすれば、この表現においても「関心」が主体であると言うことになる。現存在が現存在に向けて抱くなどと言っても一向にそこで起こっている「関心」という現象を表現したことにはならないが、とりあえずはそう述べておくしかない。

むしろフッサール現象学に倣って、その場は表象化以前の場であり、まずもって「意識」が問題となっている場だと言ってしまえば知的にはわかりやすい。知的な分かりやすさと精密さを選んだフッサールはこのことを意味作用と呼び、根源的な意味のありかを問うことになる。意味は「意識」の側にあるのか、それとも「意識」の外の事物の方にあるのか、と。フッサールは志向性概念をここに導入し、このあいまいさを解消する。内と外が橋渡しされると言えばわかりやすいが、そこで起こっていることは内と外があって橋が渡されるというようなことでない。その証拠にそのような場に現存在分析論の「関心」という言葉を当てがおうとすれば、直ちに混乱は必至となる。「関心」という言葉には志向性概念のもつ中性的ニュアンスはない。「関心」を寄せる側と「関心」を寄せられる側がはっきりと分かれてしまう。これはまったく根源的現象に反してしまっている。「関心」はやはり現存在が現存在のありようとして自らに抱く、もっと正確に言えば抱かされる構えと呼ぶほかない。

現存在分析論的に大切なことは、前述の根源的情態性の一つの「不安」にしろ、根源的了解の一つのありようとしての「関心」にしろ、それらは自己に先立ってあるということである。最初のものであるから根源なのである。そのような場をハイデッガーは「開示の場（開示性）」、あるいは「明るみの場」と呼ぶ。世界の内に存在するものはすべて開示されてそこにすでにあるとされる。しかしこのような表現ではすぐに誤解が生じてしまう。その誤解を避けるためにハイデッガーは「世界内存在」という言葉で現存在のありようのことを表現するが、さらに誤解を避けようとすれば内世界内存在と呼ばなければならない。この「世界」は自己の外にある「世界」ではもちろんないし、また自己を包む「世界」でもない。「世界」が内としてある「世界」のことであり、そこにすべてのものは開示されてすでにあるとされる。それを成り立たせている根源的な現象のありようの一つが「関心」であるとされる。それはさしあたって非日常性の側のことと言ってよいが、日常性の側でもまた根源的関心から流れ来る「関心」をあらゆるものに向けることができるとされる。これこそが普通使われている意味の「関心」という言葉である。そして、直感はこの言葉と密接な関係をもっている。

直感とは心を関わらせることと言えば、本書の立場からすればかなりのところ直感の本質に触れている。それに加えて、これに似たやはり日本語としての「注意」という言葉を持ち出し（これは本書のみの立場だが）、直感とは心を関わらせるだけではなく意を注ぐことだと述べれば、その表現はますます本書の立場の直感の本質に近づくことになる。本書における直感においては「関心」と「注意」という二つの日本語概念は重要である。このように考察してくれば、「関心」についてのハイデッガーの上記のような論述は、本人はそう述べているわけではないが、直感の働きようを一つの側面「現存在の根源的ありよう」から見て述べているように思われてくる。「関心」という心の働きは直感の働きに密接している。その逆も真である。日常性においてもそうだし、非日常性においてもそうである。

直感は日常的な軽い意味で関心を寄せることと一致し、また非日常的な重い意味で関心を寄せることでもある。前者は「無意識」が「関心」という心的作用のもつ積極性を引き受ける。後者はより集中的に働く「意識」がその積極性を引き受ける。この積極性は根源が隠れてあるからこそ必要となるし、また現存在分析論的に述べれば、根源的な関心が非日常性において顕在的に、日常性においては潜在的になるからこそ強力な引力として働くと考えられる。無意識的にも意識的にも直感は根源に向けて引かれるし、また自らそれを求める。いずれにしても直感は深い溝を超えて、その両方の場で根源的に働き続けている。ハイデッガーはその論述でことさら直感について特別の顧慮を払っているわけではないが、現存在分析論自身がそのようなことをわれわれに明かしている。現存在分析論における根源的な意味での「関心」は「関心」とも呼べないような未分化であいまいで、むしろ消極性で特徴づけられるが、ハイデッガーはこの概念と関連させて「抵抗」という新たな概念を持ち出す。

直感は現象を捉えるとき最も根源的に機能する作用と述べることができるが、直感はどのようにして現象を捉えるか。根源的ということは「不安」や「関心」がそのようなありようを示すように、そこで起こっている現象があいまいなものであることを示している。それのみならずそれ自身が現象であるがゆえに未分化である。そのようなものを直感が捉えるということであれば、それはどのようにして可能か。そのことを考えるとき現存在分析論で言う「抵抗」という概念が身近なものとなる。

直感がなんらかの現象と向き合う時まずは全体的に捉えることができるが、それが全体である限りにおいて事態は未分化であいまいである。もっとはっきりそれを捉えようとすれば直感は「現象の入口（この述べ方は本論固有の立場）」を探す必要が生じる。探すという言葉は主体的、積極的ニュアンスが濃くなるから現象学的あるいは現存在分析論的には不適切である。フッサール現象学ではここで直感作用とは別に意味作用が加わってきて、意味はこちら側にあるのか、あちら側にあるかという問題とともに志向性が働く。現存在分析論では現存在のありようとしての「世界内存在」が主題化される。「現象の入口」、あるいは光の灯った、光の当てられた場、あるいは現象のもつ一つの意味の場、いずれも同じことをそれぞれの立場で違うように述べているが、問題はそのような場でハイデッガーの言う「抵抗」という概念が意味をもってくる。

本論では、この抵抗概念に似た表現として「現象の入口」という言い方に関連して「引っかかり」と述べる。これは、たとえばある文章なり詩なりの読みで直感がその言葉の現象を捉えようとする時、まずは全体的に（平板に）読み進むが、あるとき心が引っかかる場が生じて、そこから直感がそれまでとは違ったありようで働き始める。そのことを「引っかかり」と呼び、それを「現象の入口」と捉え、そのように呼ぶ。この「引っかかり」は直感の一要素と捉えられる時には、無意識概念と身近なのが特徴的である。なんとなく、あるいは不意打ちのようにしてそれは引っかかってくる。現存在分析論における「抵抗」という概念は日常的に使われている意味とは違って、そこに一般的な意味の「抵抗」の意味が含まれているにしても、「抵抗」と呼ばれるほどはっきりした力の作用が働いていない。ハイデッガーの抵抗概念は前述の関心概念との関連で出てくるが、それも根源的な意味のもので、前述の言葉づかいに従えば未分化であいまいな状態だが、逆に「明るみ」ともまた呼べるような場であり、すべてがすでにそこに開かれてあるような場のことである。そこは「世界内存在」の場だが、「抵抗」はそこで生ずるとされる。この「抵抗」はやはり現存在のありようとしてのそれであり、「世界内存在」が既にそこにあることによって生じている「抵抗」と言えるものである。

ハイデッガーはこの抵抗概念を、そこにある種の力を認めながらも衝動とか意志という概念とはきっぱりと切り離すことを要求する。それが現存在のありようとすれば、「抵抗」は抵抗するもののそれであると同時に、抵抗されるもののそれでもあり、それが「関心」という根源的現象を支えているとされる。本書の立場で述べる「引っかかり」もそれに似ていて、そのことが起こるのは、たとえば読みにおいて文章の言葉を目で追っている主体の側のことか、それとも文章の言葉に潜むものの側の呼びかけかは判然としない。それが単に無意識による作用だからそうというのではなく、それが読む者から生じてくるのか読まれる文章から生じて来るのかがはっきりしないからそうなのである。

この「引っかかり」は別種の似たような現象として起こることも可能で、本書ではそのことに注意を払っておく必要がある。今述べたような事情とも密接なことだが、たとえばそこで働いている意識状態が意識的度合いの強まる時には、そこでは直感の機能は阻まれ、分析の機能が前面に出てきてしまうことである。現存在分析論との関連で述べておく必要のあることは、分析と呼ばれるこの周知の認識作用は、今主題となっている「関心」という概念と必ずしも無縁でないことである。それは「関心」という作用がなければ分析という作用も成立しないことにおいてはっきりしている。このことは何を示しているかといえば、分析という日常的なあるいは知的な活動での心理作用は、前述の現存在分析論的文脈に沿って述べれば、根源的な意味での関心概念の一つの現れとして捉えられることである。さらにこのことは何を示しているかと言えば、従来哲学概念として分析（現存在分析論では単に「思考」とすることもある）と直感が対立概念として用いられてきたが、この二つの概念を統合できる可能性があるということである。

いま「引っかかり」の概念との関連で文章という現象について述べたが、その際文章が日常的にそうであるようにその現象を読み手の向こう側のものとして扱かった。しかし現存在分析論的には、とりわけ根源的な現象として扱う場合には、これでは不適切である。読み行為において読まれている文章は、現存在のありようとして「世界内存在」として現れているから現存在そのもののありようとなり、あちら側でなくこちら側のこととなる。ここでの読み行為とは自らを読む行為となって現れている。その際、文章は現存在のありようとして読み手のものであると同時に書き手のものであると言っておけば、そこでの現象に近い。したがって、ここでの「引っかかり」とは、現存在分析論的に述べれば読み手が自らに引っかかることであり、「現象の入口」という言い方も現存在分析論的には不適切で、この入口は現象への出口でさえありうる。入口も出口もないような意味での「引っかかり」である。

このような文脈では、言葉と直感との関連が問われる。言葉の問題は、現存在分析論において中心課題となっていて、前記の日常性、非日常性の問題とも無縁ではない。現存在分析論が取り上げる「おしゃべり」という概念は、文字通り日常的に使用されている意味での「おしゃべり」であるが、先の文脈に沿って述べれば、根源的な場から切り離された言葉の使われ方と言ってよい。その話される内容が通俗か高級かは問わず、根源的な場とつながっている程度、あるいは逆に切れている程度に応じて「おしゃべり」へと傾く。

本書の論述に沿えば、その言葉が直感と関係するありようが問題で、それこそが本書の重要なテーマである。直感を用いて話すということは、原則的に述べて日常性と非日常性とは無関係である。むしろ日常的な生活をしている普通人で、直感との関わりが深い話し方をする人も多くいる可能性があり、逆に知的水準の高い人で日常的な場から離れているような場合でも、その話す言葉が直感と関係の薄いことも多々ありうる。さらに、話すことが単に精神の活動に留まらず、口の動きとして行動とも不可分であることが事態を一層複雑化する。たとえば、フッサール現象学の言う理念として話される言葉は、果たして直感との関連ではどのようなありようをしているか。この問いは一般言語としてのありようにも向けられる。

前記のことは現存在分析論では真理概念との関連で取り上げられるから、究極の問題でもある。現存在分析論によれば、「真理」は現存在つまり「世界内存在」のありようとして「陳述において発見しながら自ら存在することとしてある」とされる。陳述の場合に限らず、「真理」の発見とは「世界内存在」の一つの存在の仕方であり、「見まわしによる配慮、あるいは滞留しながら眺めやる配慮」においても「内世界的な存在するもの」は発見されるとされる。その際、「真理」は二重の意味をもち、第一義的には「見まわしや眺めやりの配慮」において発見している現存在そのもののこと（「発見しながらあること」）となり、第二義的にはその場合の発見されたもの（「被発見性」）つまり「発見されて在ること」となる。ここで問題となっているのは、「陳述」と「発見」と「存在」の三つの概念だが、要はこれらの概念内容は概念として現象から切り離されているのではなく、そのいずれもが心的出来事として、現象として現に今そこにあるということである。つまり、「陳述」においては今現にそこで（ここで）話すことと一緒に何かを見いだしつつ、しかも現に今そこに（ここに）あることとしてのありようが「真理」としてあるということである。

現存在は「真理」の内にあるというのがハイデッガーの現存在分析論の一つの結論だが、これは現存在が「開示性」

という在り方をしていることにその根拠が求められる。「真理」のありかとしてこれ以上のものはありえないとされる。また、このことはさらに「真理」の絶対性というものの否定におもむき、「真理」は現存在が開示されてあることにおいてのみ「真理」として存在するとされる。一般的には「陳述」は直感から離れる場合も多々あるが、現存在として存在することは、またそのような場で言葉を発することは、多かれ少なかれ「真理」の発見にその都度現にそこで立ち会っていることにほかならない。

そのように考えれば、ハイデッガーのこの著書は「存在」と「時間」の両概念を軸にしつつ、現存在について述べた直感論であると言い換えても本書にとっては当を得ている。語りながら（書きながら）「真理」が現れる（見いだされる）ようにするのが直感の働きそのものであるという直感の本質がそこに明らかになっている。その際改めて問うべきことは、既述したハイデッガー自身の言にある直感の純粋性の問題である。純粋性の程度には無限の段階が想定され、この項で繰り返し述べてきた日常性との関連で改めてこの問題を取り上げる必要がある。前記した真理概念が、この純粋性、つまり「開示の明るみ」の程度に規定されることは言うまでもない。この点の今後の追求によって、本書での直感概念がそのまま現存在分析論には重なっていないことも見えてくるはずである。

あとがき

本書の目的は、一つには全体としてある「心」に迫ることであり、「心」を部分に分割し、その各部分を取り上げて追求することではない。そうは言っても、物事を論ずるには部分を頼るしか術がないことも道理であり、その役割を直感に託したと言ってよい。一つには直感を方法にすることであり、もう一つには、全体としてある「心」を「普通の直感」という部分に関係させて捉えることである。このことからここでの試みは直感そのものに迫ることにもなっていて、本書で直感に担わされている役割は二重化している。まだ明らかにされていない「普通の直感」自らが「全体としてある心」に迫りつつ、しかもそのことを通して「普通の直感」自らが自らを明らかにしていくこととなっている。もちろん本書は多くの既存の知見に負っているが、それらさえ「普通の直感」の自己領域から参画することとなっている。それらの知見は直感論に組み込まれたものとして使われており、既存の知見の意味とは常にある種のずれが含まれている。「普通の直感」が自らを明らかにする試みのためにこうしたずれは招来されている。文体はそのため常に揺れており、その意味は確かさに就くことはない。本論を終えるにあたって、このような事情についてご賢察いただき、ご理解をお願いしたい。同じ趣旨から注釈や参考文献についての言及は文中での記述に限ることとし、この「あとがき」をもってその代わりとさせていただく。

二〇〇八年　一月

著　者

■著者紹介

渡邊　佳明（わたなべ　よしあき）

1941年　東京都生まれ
1965年　東京大学文学部仏文科卒業
1971年　国家公務員上級甲（心理）の資格により法務技官
1976年　法務総合研究所に6年間勤務
1993年　岐阜少年鑑別所長に就任。以後、大津、和歌山、千葉、札幌の各少年鑑別所長を歴任
2002年　昭和女子大学大学院生活文化研究専攻臨床心理学講座教授
2005年　同大学院心理学専攻教授
茨城県に在住

主な著書

「虚空のダンス～直感が捉えた六つの非行原理」（2000年、文芸社）
「シンクロする直感～よしもとばなな『アムリタ』の意味するもの」（2005年、同上）

「心の問題」と直感論

2008年4月30日　初版第1刷発行

■著　　者――渡邊佳明
■発 行 者――佐藤　守
■発 行 所――株式会社　大学教育出版
〒700-0953　岡山市西市855-4
電話 (086)244-1268㈹　FAX (086)246-0294
■印刷製本――モリモト印刷㈱
■装　　丁――原　美穂

ISBN978 - 4 - 88730 - 836 - 7